AF487435

GRAN COMBATE DE POESÍA

GRAN COMBATE DE POESÍA
JUAN RAMÓN MOLINA VERSUS RUBÉN DARÍO

©Colección Erandique
Supervisión Editorial: Óscar Flores López
Diseño de portada: Andrea Rodríguez
Administración: Tesla Rodas—Jessica Cordero
Director Ejecutivo: José Azcona Bocock
Primera Edición
Tegucigalpa, Honduras—Marzo 2026

CONTENIDO

EN ESTA ESQUINA…

Cuando una persona posee gran influencia, o tiene una trayectoria sobresaliente o autoridad en un ámbito, se dice que es un "peso pesado".

Lo contrario sucede cuando una persona no destaca o su influencia es muy pobre… allí es "peso pluma". Esto, porque equivocadamente se asocia con el peso de una pluma de ave.

Tomando en cuenta eso, Juan Ramón Molina y Rubén Darío son dos "pesos pesados" de la poesía mundial.

Sin embargo, por aquella figura de la pluma que se utiliza para referirse a los escritores, el combate será pluma versus pluma.

Rubén Darío lleva algunas ventajas: nació en un país con tradición boxística (Nicaragua), es el padre de la corriente del Modernismo y es reconocido en todo el mundo.

Juan Ramón Molina, a pesar de su calidad como constructor de versos, no aparece en las antologías dedicadas a los grandes poetas. Injusto, pero es así.

Agreguemos que en Honduras somos un país futbolero y que nos encanta el boxeo… pero no podemos pelear.

Rubén Darío también tuvo mejor suerte. Sus compatriotas se encargaron de mantener vivo su legado; y en Nicaragua, calles, avenidas, escuelas, edificios, plazas, puentes —y hasta las cantinas, asegura un amigo mío—, llevan su nombre.

En Honduras, apenas hay algunas cosas que se llaman Juan Ramón Molina, y en el parque donde está su monumento, frente a Bellas Artes, es la sede de borrachos, prostitutas, criminales y locos.

"Juan Ramón Molina, el poeta gemelo de Rubén, es casi desconocido en Sudamérica. No figura en los textos de preceptiva literaria, no se ven sus poemas menudamente publicados, ni se oye que sazonen sus acentos los menús líricos de los que dicen versos.

Recordado por nosotros ya no volverá al olvido", escribió el escritor guatemalteco, y Premio Nobel de Literatura, Miguel Ángel Asturias.

"Eso sería la condición que antes debemos establecer: que salga Juan Ramón Molina del olvido, que vuelva a estar presente su cepa tierna, aérea, vegetal, del trópico", agregó Asturias.

Se dice que Darío tuvo especial estima por Molina. También, que en ciertos momentos fue atacado por el recelo. O puede ser que hubo algo de ambas…

Cuando Molina falleció, la reacción de Darío fue: "Buen poeta, fuerte poeta; pereció víctima de aquel medio matador de todo anhelo intelectual que apaga el alma de Centroamérica. Lo poco que pudo ser, lo fue con el machete en la mano, en guerras de su tierra. Apenas una vez pudo ver un mundo propio para su talento, cuando lo enviaron como secretario de la delegación de Honduras a las Conferencias de Río de Janeiro. Volvió a su país y, a pesar de que, a ruego suyo, logré que 'La Nación' le nombrara corresponsal en Centroamérica, se encontró allá de nuevo aplastado moralmente; no envió ninguna correspondencia y a poco se suicidó".

"¿Lo poco que pudo ser?". "…Y a pesar de que, a ruego suyo".

Hay algo de bajeza en lo que escribió Darío. Cariño, muy poco…

Este encuentro boxístico pone frente a frente poemas con temáticas similares. Será el lector el que decida, a la forma de jueces, quién es el vencedor. En todos ellos, eso sí, están la calidad y la hermosura que distingue la obra de Molina y de Darío.

¿Copió Darío a Molina? Esto dice el renombrado escritor Julio Escoto en el artículo Juan Ramón Molina, poeta del Modernismo centroamericano (página siguiente): "¿Sería posible que Darío copiara a Molina? Esto, que sonará cual sacrilegio a los estudiosos de Darío, aparenta haber sucedido".

Como hondureño, se me hace hermoso creer que así fue.

ÓSCAR FLORES LÓPEZ
Editor Colección Erandique

JUAN RAMÓN MOLINA, POETA DEL MODERNISMO CENTROAMERICANO por JULIO ESCOTO

"Caminamos a oscuras en el fuego"
José Emilio Pacheco. Islas a la Deriva

Prácticamente desconocido, su reedición adquiere visos de descubrimiento. Muerto en 1908, a los 33 años de edad, su obra poética rebasa con facilidad los límites comarcales de la literatura Centroamérica profusa en nombres menores a todo lo largo del Modernismo, con excepción de Rubén Darío, y ahora de Juan Ramón Molina. No existe riesgo crítico alguno al señalarlo como el más grande poeta modernista centroamericano—después del nicaragüense—y uno de los más valiosos de América. Miguel Ángel Asturias no vaciló en nominarlo "hermano gemelo de Rubén", tanto en el desplazamiento de las formas verbales como en la inclinación simbólica y parnasiana de sus creaciones similares, a pesar de que uno escribiera desde París, la Meca cultural de entonces, y el otro —Molina—desde uno de los más empequeñecidos ambientes culturales del istmo, provinciano y soporífero, estremecido únicamente por los zarpazos periódicos de las guerras civiles.

En Tegucigalpa (una ciudad hundida en el cuenco húmedo de tres montañas) transcurrió la mayor parte de la vida de Juan Ramón Molina. Encerrado en sus calles coloniales asimétricas, rodeado por familias. que sustentaban su razón de vida en la prosapia de un ridículo abolengo nobiliario, condenado a no tener un espíritu de su altura con el cual entablar los duelos polémicos de la inteligencia o los acordes de una vibración superior común, sus ideales murieron por irrealidad y, desesperado, se sumergió en los placeres municipales de la cantina y el prostíbulo.

París, el París—faro de los modernistas, fue, cuando lo visitó en 1906, como la encarnación de un sueño largamente apetecido y añorado. Sólo una vez—en la Conferencia Panamericana de Río de Janeiro—supo por experiencia propia de la existencia trajinada y multitudinaria de las grandes urbes. Vuelto a su tierra natal, el ambiente lo absorbió voraz, pegajosamente entre sus arenas movedizas y dos años después murió.

Pero, quién era en realidad este hombre de quien Darío guardaba "cierta profunda admiración y casi receloso respeto", que hizo a Emilio Castelar manifestar elogios y sorpresa, a quien Chocano dedicara un elaborado soneto, Rafael Arévalo Martínez un estudio póstumo, Enrique González Martínez un delicado retrato, Cejador y Frauca su reconocimiento, Anderson Imbert una penetrante identificación sicológica, Cabrales un rudo ataque, Chaney una exegésis cuidadosamente meditada, Asturias un parangón con Darío, y que, sin embargo, está ausente en la mayor parte de las antologías y estudios sobre el Modernismo americano, y no menos desconocido hoy que ayer en toda la grandiosidad y perfección de su pequeña obra?

Juan Ramón Molina (1875—1908) nació en Comayagüela, ciudad gemela de Tegucigalpa, la capital de Honduras. Se graduó de Bachiller e inició estudios de Derecho en Guatemala (ver Cronologia específica en este libro). Nada sorprendente revela su juventud, con excepción de una incontrolable voracidad por la lectura. Hombre—descubridor en esencia, Molina expurga todos los mitos y ánimas de las literaturas y las filosofías: clásicos y modernos, nihilistas y teólogos, esotéricos o superficiales, en su prosa queda el recuento consecuencial del estudio y la asimilación.

Sus biógrafos relatan anecdóticamente la vida estudiantil de Molina en Guatemala. Su tradicional oficio entonces: permanecer en cama, más allá del mediodía solar devorando volumen tras volumen de Hugo o Esquilo, de Zola o de Homero, ya de Byron, Shakespeare, de Campoamor, Rimbaud o San Agustín. Las referencias continuas de esta dedicación obsesiva en su poesía obligan a citarlo brevemente.

"Autobiografía", por ejemplo, refiere haber sido su vida un "enorme hacinamiento de lectura" porque

> "He abrevado mis ansias de sapiencia
> en torda fuente venenosa y pura,
> en los amargos pozos de la ciencia
> y en el raudal de la literatura".

O, "Los Cuatro Bueyes", en que desea (4a. Sección) "un mundo más aromático, /lejos de todos los libros/hechos por los hombres vanos, /cuyo veneno corroe/mi corazón lacerado".

Sin embargo, es el soneto "Madre Melancolía" el que revela con mayor sinceridad emotiva la honda pesadumbre de un hastío existencial:

> "A tus exangües, pechos, Madre Melancolía,
> be de vivir pegado, con secreta amargura,
> porque absorbí los éteres de la filosofía
> y todos los venenos de la literatura".

Otros poemas, especialmente sonetos, surgen provocados por el calor de una próxima lectura o reflejan un acopio vasto de conocimiento logrado a través de la palabra escrita.

Mas, opuestamente de servir esta experiencia transcrita como un medio purgativo—además de iluminativo—en su concepción de mundo, como una forma de purificación interna capaz de elevarlo en concepciones y conceptos vitales, lo hunde en un descreimiento de valores, despierta en él agudamente la "duda metafísica" por todo lo que sobre el orbe se mueve y le conforma un carácter y una personalidad donde anidan la soberbia y la altivez, el orgullo y el desprecio.

Tres son básicamente los resultados de esta acre absorción intelectual: una fuerte fe evolucionista del Universo, el conflicto del ser y su relación con Dios, y la visión del mundo como un inmenso campo de batalla, donde el triunfo será del más fuerte sobre el débil, idea esta última de penetrante raíz nietzscheana.

J. Cruz Sologaistoa dice de Molina, en el libro de Jesús Castro: "Era un evolucionista seguidor de Darwin y Lanmark. El transformismo le merecía una creencia incondicional: la selección era para su espíritu de triunfador una razón de vida". Su concepto del evolucionismo iba más allá del campo puramente natural. Se proyectaba al sentido religioso de la existencia, a sustentar la posibilidad de una evolución del alma en una continua rotación de perfeccionamientos a través de distintos reinos (mineral, vegetal, animal) tal como la mejor doctrina brahamánica habría estipulado. Molina extraía gran parte de su altivez de este concepto. Él era superior a su medio, más grande en su inteligencia y esto que los hombres que lo rodeaban, porque había recibido a través de milenios una purificación mayor que la de sus coexistentes. Esto, si se toma en cuanto a su sentido literal, como una creencia adquirida por superstición, podrá ser interpretado fácilmente como charlatanería, como ignorancia producto del desconocimiento científico. Molina no lo sentía así. Había desarrollado su tesis después de estudiar y meditar sobre todas las religiones, desde los burdos pases hipnóticos del chamán rudimentario hasta los más profundos cálculos teológicos de las religiones modernas, desde las enseñanzas de los Budas a la de los Apóstoles. Su ideología, su cosmovisión, es un código abierto a la recepción de valores nuevos, en los que dejan su más fresca huella aquellos principios que lo ubiquen en el tiempo y el espacio. Extrañamente, es a la vez admirador de Kant, de quien exigía la física y la matemática—la ciencia—como única fuente de saber racional. De los tres estados en que el primer Positivismo ordena la ley fundamental de la naturaleza (teológico o ficticio; metafísico o abstracto; positivo o científico) Molina parece quedarse, a conciencia, en el segundo.

Sólo que (y éste es el punto donde cabe su visión personal) entiende este estado metafísico como un acto evolutivo siempre sincrónico, no diacrónico. Al tenor del Positivismo, Molina concibe a las sociedades —y a su propia alma— como un organismo dinámico, inagotable, inextinguible. Lógicamente, estos son principios de la época. No se debe descontar, al estudiar la personalidad polifacética de este hombre, el influjo que sobre el ejercieron el Naturalismo y el evolucionismo spenceriano.

Podía creerse, sin embargo, que debido a esta cosmovisión Molina era un hombre religioso, apegado al escapulario y el misal. Todo lo contrario: es agudamente crítico de las religiones y en combate con la idea de Dios.

Si bien lo guían a través del mundo tanto Kant como Spinoza (y su concepto aplastante: "los milagros se oponen a la naturaleza"), su líder espiritual es, definitivamente, Nietzsche (ver prosa de Molina con este mismo título) en el estremecimiento rebelde del espíritu perfeccionado por los fuegos meditativos de la soledad y por los filtros de la selección natural. Sólo que—insistimos—Molina lleva al plano metafísico incluso la aplicación de la selección natural. Así, en "Metempsicosis" uno de los poemas que mejor clarifica su posición vital, después de describir sus fases de pez, víbora, pájaro, águila fiera y león, agrega:

"Hoy (convertido en hombre por órdenes oscuras)
siento en mi ser los gérmenes de existencias futuras.
Vidas que ban de encumbrarse a mayores alturas
o que han de convertirse en génesis impuras",
(estrofa 6a.)

Similares progresiones surgen en muchos otros de sus poemas ("Después que muera", "Para un apóstol", "Vino tinto", "Sursum", "Mariposa Nocturna", "En el Golfo de Fonseca").

En su crítica mordaz a Mencos, Molina lo califica sintéticamente como "una inteligencia mediocre—que vagaba en el tránsito de una vida inferior a otra superior", o, ante la tumba de Adolfo Zúñiga (periodista, político hondureño) expresará: "hoy (...) guardado en angosto ataúd (...) en espera de esparcir por la atmósfera las moléculas de su carne y los átomos de sus huesos, hasta que quizás un día, a través de centenas de años y de infinitos tanteos, de metamorfosis en metamorfosis, de transformaciones en transformaciones, vuelvan otra vez", y más adelante, "esos espíritus superiores son rarísimos (...) no se producen más que después de lentas y difíciles gestaciones, después que la naturaleza hace muchas tentativas de alumbramiento".

Llevando este determinismo más allá de la escala Positiva, Molina frecuentemente se desliza en la oscuridad de un fatalismo inevitable, trágico. En "Juan Coronel", por ejemplo, no cree "que esté bien gobernada la naturaleza terrestre, y pienso que los hombres estamos sujetos a fatalismos implacables, a fuerzas hostiles y desconocidas", y en una de sus "Cartas", la del 6 de abril de 19066, la revelación de su creencia surge más fuerte que nunca: "Libres ya de las creencias antropomórficas y antropocéntricas de la niñez, sabemos que somos la forma superior de una selección zoológica", y, unido al conocimiento de las leyes de la herencia, en "El Sultán Rojo", al describir a este (Abdul—Hamid) como "una víctima de la ley de la herencia regresiva o mediata, o sea del atavismo. Con efecto, casi todos sus antecesores han sido locos, idiotas o degenerados, que han transmitido a los hijos de sus odaliscas y esclavas las anomalías sicológicas de que estaban enfermos".

La concepción del mundo enfrenta, inevitablemente, con la concepción de Dios. Resuelto este problema en aceptación o rechazo, la razón del ser, el objetivo de la existencia, el entendimiento de la vida como un acto insustancial o trascendente se clarifica, se comprende. En la obra de Juan Ramón Molina está dispersa la imagen que tenía de sí mismo. Uno de sus poemas de mayor aliento, "Al Río Grande", extiende, en su recurrente metáfora, un autoretrato:

"soberbio y apacible, terrífico o sereno,
resplandeciente de astros o túrbido de cieno,
con rápidos y honduras y vórtices. Tal fui".

Y posiblemente ninguno de sus biógrafos han pintado con mayor objetividad lo que era el espíritu del poeta. En constante duelo consigo mismo, en una lucha abierta por vencer sus poderosas inclinaciones de hombre, en favor de una pureza que iba perdiendo a marcha galopada su "yo, compuesto extraño de azúcar, sal y hiel". ("Al Río Grande"), Molina refleja en su poesía las oscilaciones periódicas del más puro lirismo inocente junto a los más oscuros vapores del vicio. Es una personalidad en progresión constante. Su cambio de rumbo puede dar ocasionalmente idea de desequilibrio en su ubicación terrenal. Más bien, debe entenderse como un sólido afincamiento bajo la gravedad de un sistema de valores perfectamente definido, desde el cual se lanza, ansioso, sediento, en un viaje de exploración cósmica por las literaturas, la filosofía y la realidad. Su debilidad verdadera se encuentra en su indecisión sobre si combatir a muerte al ambiente o encerrarse en una concha protectora. Opta por lo segundo, y desde la posición elevada de una soberbia rayana en lo pedante, criticó, anatematizó, ofició en los periódicos como censor de prejuicios, como conciencia viva de una sociedad que terminó por aislarlo para acallar su voz.

Y así, obligado a convivir en ese medio y a atacarlo por amor, a odiarlo por devoción, en él se hizo cuerpo sólido, pústula, situación, ánimo, vivencia diaria, aquel sentimiento desquiciador que en la profundidad de sus elucubraciones y en su previsión de la Historia desconocieron los poetas antiguos la incertidumbre. Dislocado, sin base de apoyo, perteneciendo por historia y accidente a una comunidad de la que deseaba alejarse en búsqueda del paraíso ilusorio—París, España, Argentina, el que fuere—cada día abre una posibilidad de partida pero también de encierro y afincamiento. Desesperado, en asfixia cultural (ver la descripción de la Tegucigalpa finisecular, en "Cartas"), el último recurso es la alienación, la desconexión y despreocupación de lo intelectual, el abandono temporal de los ideales, de la lucha, para sumirse brevemente en la inconsciencia demónica y anónima del alcohol. Molina no supo, no descubrió nunca, que ese, precisamente, era el más efectivo artificio de absorción en las sociedades centroamericanas de entonces (y de hoy).

No lo supo de conciencia, a pesar de haberlo vislumbrado en su "Prefacio a Annabel Lee" (1906), cuando asegura que la tristeza de esta novela de Froylán Turcios no es la de "ninguno de esos grandes poetas malditos que, renegando de la vida, o emborrachándose de tinta o de alcohol, se entregan a una muda desesperación que los consume como una fiebre, o se escapan de la vida por la puerta falsa del suicidio". Era su propio epitafio, la descripción exacta de su misma situación social. "Cuando lo conocí"—relata otro gran prosista hondureño, Salatiel Rosales—"lo recuerdo bien, sus borracheras cotidianas eran el escándalo de su parroquia. El alcohol, este hermano de los grandes poetas malditos, fue su ángel bueno. (...) Él no bebió absintio en las mesas de los cafés ilustres, como Paul Verlaine; bebió en sospechosos fondines, un néctar blanco, más terrible todavía que el de las negras ilusiones poeneanas. Pero el 'aguardiente' aquel alcohol de vergüenza y de infamia (...) fue para él como un seno mágico que le nutrió las más acerbas y hermosas canciones. Murió con dignidad de gran poeta maldito".

Sobre este campo el anecdotario de Molina es variadísimo. En Tegucigalpa se le vio muchas veces encendido el brillo de los ojos —como los fuegos fatuos—por el excitante temporal de los alcoholes. Su natural prestancia y distinción de porte, su carácter huraño y hosco, desaparecían, y en vez de buscar la compañía afín del hombre culto cedía su brazo al carpintero de barrio, el albañil de obra, al sepulturero de villa, en el festín modesto de los sábados de pago. Voces de leyenda aseguran haberlo visto llevar por las asoleadas calles su cama y su ropero rumbo al préstamo fácil de montepío usurero, con el fin de poder invitar a los amigos. Había en él un afán irresistible de descenso, cercano a la autodestrucción. Apuraba la caída, en los más sórdidos ambientes, hacia una forma de castigo físico y repugnancia de sí mismo que más tarde, pasado el instante de las risas, lo atormentaría.

Y entonces, saciado en sus más instintivos apetitos, hastiado de las caricias innobles, vuelto del infierno crepuscular de las tabernas, surgía el otro Molina, el grande, robustecido y limpio en cuerpo y alma, dejadas atrás las vascas ácidas de la borrasca moral, del arrepentimiento. Días después de exceso aparecía en las calles, soberbio y desdeñoso, altivo, enfundado exactamente en su uniforme militar de Coronel de la revolución, o impoluto bajo la perfección del corte de su traje. Así lo retrató Enrique González Martínez: "erguido el busto, la cabeza con aires de reto, la frente despejada, los bigotes espesos y de alacranadas guías, una flor en el ojal de la levita, un alarde inconfundible de ostentosa elegancia personal. En todo ello una deliberada actitud fotográfica", y Salatiel Rosales agrega: "Era un poeta desaforadamente dionisíaco".

Desaparecía el poeta bohemio de provincia para dar paso a su cosmopolitismo de escritor universal, renaciendo, como el ave mitológica, no de las cenizas, sino del cieno comarcano de la transgresión ética. Su transformación originaba los más disímiles comentarios, y aquellos que en el concilio trasnochado de la mesa compartida habían familiarizado el trato volvían, obligados, a reconocer que aquel hombre, si bien les revelaba ocasionalmente la madera burda de sus defectos, también llevaba una inalcanzable luz que lo iluminaba interiormente y que les impedía comprender la hondura de sus más sólidos pensamientos.

Contradictorio, impredecible, porque "no he sido un hombre bueno. Ni tampoco/malo. Hay en mí una dualidad extraña:/ tengo mucho de cuerdo, algo de loco, / mucho de abismo y algo de montaña. /Para unos soy monstruosamente vano;/ para otros muy humilde y muy sincero: ("Autobiografía", estrofas 12a.y 13a.). Y en "Excélsior"—esa prosa viril que los hondureños conocen desde infantes—: "Bebe luz a torrentes (...) Pon el oído a los rumores de la muchedumbre, a las palabras del abismo, a las voces de los espíritus.(...) Hazte olímpico. Endiósate si puedes. Depura tu miserable barro. Porque en verdad te digo que el que quiere ser superior, el que aspira a subir a las encumbradas regiones del arte, el que siente que tiene alas en los hombros, debe olvidarse de las infinitas miserias humanas, de las injusticias, de la suerte, de las burlas del destino".

Y Molina se endiosaba, no sólo porque su valor intrínseco y orgullo se lo aconsejaban (se dolía de no ser unos cuantos centímetros más alto y personificar en belleza al Apolo, como Darío se atormentaba por la "absurda vergüenza de/ser mestizo"13) sino porque los hombres de extrema sensibilidad, débiles ante el acoso del medio, sólo pueden enfrentarse a éste adoptando una posición permanente de ostensible superioridad, incluso con poses de endiosamiento, que no son sino una dura y rígida coraza en contra de los ataques a su más pura esencia de hombres pacíficos. Esto provoca una constante actitud de "enfant terrible" ante una sociedad en que los postulados de Nietzsche se convierten en la más cruda descripción de la ley de la selva, y porque para los escritores centroamericanos de entonces la lucha entre civilización y barbarie no es una simple pose teórica que defender sino un desafío diario sostenido desde las páginas de periódicos y revistas, las que se convierten en el foro de Cicerón para los modernistas. No es vano desde Montalvo estos titulan como Cicerón sus discursos, artículos y ensayos de juego en la palestra.

La lucha es contra prejuicios e injusticias. Anticlerical por efecto del reciente Positivismo y de la implantación de la Reforma Liberal'6,el medio ambiente debe ser vencido... o vence. Molina lo señala en su artículo "Por qué se mató Domínguez", viva relación de cómo en el istmo las posibilidades de elección están fuertemente reducidas y polarizadas: "En un ambiente como el nuestro, de sorda agresión o de indiferencia, el intelectual de veras tiene dos escapatorias para librarse de la muerte por asfixia: o se aísla soberbiamente en su cima, envuelto en su nube, de tal modo que no se digne ver a los genios municipales, acaparadores de gloria barata y al por menor; o les degüella—como si fueran carneros de un holocausto propiciatorio al arte— sobre su altar de ripios, pacientemente acumulados", y en "La Gira de Julio Flórez": "El poeta moderno no debe ser una especie de juglar sino un gran silencio y un gran desdeñoso, para quien el arte sea una cosa hierática y la poesía una religión suprema".

En su obra (que apenas si cubre dos mil páginas) Molina la emprende contra tres niveles de la conciencia centroamericana y americana de su momento: el clericalismo (actitud heredada del liberalismo del héroe Francisco Morazán) y el problema insondable de Dios; la mala literatura y los malos literatos; los Estados Unidos.

En su artículo sobre "Ramón Verea" dirá: "así como sonreía ante el paganismo griego, a pesar de que admiraba la plástica belleza de sus dioses y la fábrica maravillosa de su Olimpo, sonreía también ante el paganismo católico, disgustándome su imitación servil de las liturgias asiáticas y de las humanas deidades de Atenas y de Roma"; es, además, "poco inclinado a la abdicación del yo, a la mansedumbre y a la quietud individual y colectiva, puntos principales del nazarenismo" (Carta del 6 de abril de 1906)18, o sobre el mismo: "Hoy la gente ilustrada (...) no ignora a que manipulaciones se debe el imperio de los cuatro evangelios canónicos, escogidos entre un montón de manuscritos contradictorios y falsificados que databan de los primeros siglos".

Su irreligiosidad proviene del estudio de la Apologética y de su hastío y melancolía por la vida (o, zacaso es la irreligiosidad provocadora de la melancolía?). Tres poemas marcarán hitos en su progresivo debate con Dios: "El Águila", formidable composición, vigorosa, descriptiva, da la imagen de una divinidad soberbia y fuerte, disciplinante, que envía la espada de su rayo a decapitar el águila blasfema. "El Águila", que pertenece a sus primeros años de estudio en Guatemala (1896; 21 años de edad) revela un Dios al que se teme y admira.

"A Una Muerta" (Tegucigalpa, 1905) conlleva un Dios al que se suplica, al que se pide piedad, bálsamo para la herida, cauterio para la llaga. Un Dios humano, no imperial, recibe la voz del poeta. Uno de sus últimos poemas, "En la alta noche", escrito en la pobreza, la soledad y el exilio de San Salvador (1908) significa la negación total, la pesadumbre, el inmenso vado espiritual, el yermo teológico. He aquí al hombre en el ocaso, aun siendo temprana la edad, al ser humano agobiado por la diaria exigencia insatisfecha, por la imposibilidad del retorno a la patria y por la desubicación y desajuste de un ambiente extraño y hostil20. En 33 años de vida (y 12 de creación literaria) no ha habido respuesta a su reclamo místico, y con la muerte llegará el conocimiento último o el desvanecimiento eterno. Dios no ha respondido jamás. Lo ha golpeado incesantemente y lo ha hecho su juguete móvil en la torturante ansiedad de las postrimerías; le ha dado la espalda. Y en la soberbia de Molina, aún caldeada por las brasas de su sospechada capacidad para mayores obras, el también vuelve la espalda y se encamina, solo, envuelto en la soledad de un mundo árido, hacia el trascendental momento de la muerte. Piensa, entonces...

"En el amor que me lanzó en los brazos
del pesimismo atroz,
que pensar me hizo que la vida humana
no era más que dolor,
no era más que una pena continuada,
una horrenda expiación,
una terrible burla del destino,
un engaño de Dios.
Han venido después a mi memoria
los sarcasmos de Heine,
las amargas blasfemias de Lord Byron,
en medio del placer;
la infinita tristeza y los dolores
del pálido Musset;
las penas de Leopardi y los sombríos
versos de Baudelaire.
Entonces he querido anonadarme sin saber lo que fui,
morirme lentamente, lentamente, sin gozar ni sufrir:
sin saber cómo vine a este planeta, como me voy al fin,

> sin saber si tuve alma o no la tuve,
> si viví o no viví".

"Leyó mucho" —dice Anderson Imbert—: "literatura, filosofía, aun ciencias. Y su visión de la vida fue compleja. Era un egoísta, un amargado, hastiado de la vida (...). Era un torturado—su pesimismo lo llevaría al suicidio—".

Murió en ausencia de Dios y como lo había deseado: dormido, lentamente y sin dolor ni gozo, abrazado por los sopores de una dosis excesiva de morfina que jamás se sabrá fue intencional o inadvertida. Chocano le dedicaría, al anuncio de su muerte, un poema póstumo: "El Soneto Roto". Darío, desde su olímpico sitial parisino, recordando su encuentro con Molina en Brasil, sentenciaría: "Buen poeta, fuerte poeta; pereció víctima de aquel medio matador de todo anhelo intelectual que apaga el alma de Centro América. Lo poco que pudo hacer, lo fue con el machete en la mano en guerras de su tierra. Apenas una vez logró ver un mundo propio para su talento, cuando lo enviaron como Secretario de la Delegación de Honduras, a la Conferencia Panamericana de Río de Janeiro. Volvió a su país, y a pesar de que a ruego suyo logré que La Nación lo nombrase corresponsal en Centro América, se encontró allá de nuevo aplastado moralmente, no envió ninguna correspondencia, y a poco se suicidó".

El segundo nivel de conciencia centroamericana que Molina combate es el de la mala literatura. En la Apología de Jesús Castro (que es una recopilación de textos sobre el poeta hondureño) un anónimo—o anónima, con mayores posibilidades—crítico, declara de Molina una de sus más polémicas facetas: "fue el verdadero demoledor del Romanticismo pedestre, vacuo y femenil, que reinaba en nuestra literatura cuando regresó de Guatemala, en 1897. Sostuvo entonces polémicas incendiarias contra las huestes del Romanticismo llorón".

En el artículo periodístico Molina fue cáustico, devastador, implacable. (Ocasionalmente su seudónimo era "Don Diniz"). Quetzaltenango (Guatemala), que para Flavio Guillén fue "la patria intelectual de Molina" le afinó, en las enseñanzas de viejos profesores españoles, en el ejemplo de sus iniciales lecturas y en el juego dialéctico de la discusión académica, los tilos de sus sables críticos, temidos por poetastros e improvisadores, particularmente seguidores del Romanticismo decadente de fines de siglo. En su prosa "El Tiempo Viejo", por ejemplo, arremete con fuego personalista aunque con sólido conocimiento en contra de la reacción conservadora de Guatemala: "Y los nietos de aquellos benditos ultramontanos, que se espantaban de Renán, no querían (risum teneatis) aceptar el Romanticismo, creían en las tres unidades de Boileau y tenían a Shakespeare como un salvaje, preferían la carreta de bueyes al ferrocarril, bebían lechita caliente y grandes jícaras de chocolate, y cuando se encontraban a solas, empolvábanse las cabezas, vestiánse de arlequines con los viejos trajes de los Oidores y bailaban a hurtadillas el minuet, son los que hoy, pasada la tormenta revolucionaria, sacan con timidez la cabeza del charco (...) y claman (...) en las revistas clericales y en los diarios ultramontanos contra la enseñanza laica, la Filosofía Positiva, la libertad de cultos, las teorías de Darwin, la impiedad actual, la ciencia atea, el divorcio, la escuela realista, la novela experimental".

Al poeta colombiano Julio Flórez, que visitó Centroamérica en 1906, le llama "poeta intuitivo, de versos efectistas, con escasa cultura mental, que desconoce el sabio mecanismo de la lírica contemporánea", y luego, "no es un clásico, ni un romántico absoluto, ni menos un modernista", "Parece completamente extraviado de la literatura hispanoamericana actual".

Molina derrochó así gran parte de su talento en este inconsecuente combate de prensa. Era su forma de imponerse al medio, dictando criterios de los que pocos osaban discutirle, y el instrumento para divulgar la estética modernista en Honduras, de la que era adalid. Las resonancias francesas en su poesía lo convertían, además, en uno de los escritores mejor informados de las nuevas corrientes; (el otro era Froylán Turcios, y, aún muy joven, Luis Andrés Zúñiga).Ello avalaba sus criterios analíticos.

El poder creciente de los Estados Unidos (que establecen su punta de lanza económica con solidez en Honduras, en 1906, a través de las compañías bananeras) no escapó a la perspicacia política del autor de Tierras, Mares y Cielos. Si bien Molina no dejó opiniones

extensas al respecto, es obvia su posición anticolonialista en varios de sus poemas y prosas. De "Águilas y Cóndores" trataremos en la segunda parte de este estudio, al hablar de Darío y Molina. Valga ahora citar al hombre como un político local, que participó directamente en la revolución de 1903, formó parte, como Vice—Ministro del Gabinete de Estado y adoptó una política acorde con su época y geografía. No es pues Molina un "torre marfilista" ajeno al palpitar social que comenzaba a estremecer América en los años previos a la Primera Guerra Mundial. "No era el poeta blando y acomodaticio que con el pretexto de no entender la política cierra los ojos ante la realidad de su país", aclara Miguel Ángel Asturias28. Muy temprano en su vida reconoce—en "Adiós a Honduras" (1892), con cierto aliento profético de 70 años en el futuro, el valor regenerativo de las juventudes lanzadas a la lucha armada:

> "Y tú también, perdóname, oh robusta
> juventud que a la justa
> ira cediendo, entre el común asombro,
> llevaste a cabo insólitas hazanas
> luchando en las montanas
> muerta de hambre y el fusil al hombro"

El mismo poema revela—en su estrofa 27a.—la indignación de Molina por la injusticia a que ve sometida su patria, sin perder, por el mensaje, el alto contenido poético.

> "A los malvados que a su pueblo oprimen
> con el crimen, el crimen
> ha de poner a sus infamias coto,
> o volarán, odiados y vencidos,

del solio conmovidos
por un social y breve terremoto".

Para él la justicia del mundo adquiría los valores de una verdadera y humanista religión. En sus "Cartas" de 1906, al referirse a la Semana Santa advierte con firmeza: "El cristianismo (...) o se adapta a las necesidades de la civilización contemporánea, producto de la ciencia, la razón y el trabajo, o sucumbe fatalmente, cediendo su lugar a la religión del porvenir—que es la del deber, de la justicia y de la verdad—y que cuenta como adeptos a los espíritus más nobles y cultivados del mundo".

Después, lentamente, asciende del plano local al internacional. Así, en las mismas "Cartas", al reseñar la circulación monetaria amplia que llevan al país las recientes compañías bananeras, reconoce el progreso que debe sobrevenir a las naciones caribeñas, gracias al comercio. Pero, viendo más allá, manifiesta inquieto: "queda por saber si ese mar, ceñido de una costa ubérrima y lujuriante y esmaltado de islas edénicas, está destinado a ser un gran golfo internacional o simplemente un lago norteamericano (...) Todo parece indicar, hasta hoy, lo segundo".

En el "Prefacio a Annabel Lee" (IIa. Sección) describe la situación de la América de entonces, utilizando el ambiente de la obra narrativa que prologa para lanzar la crítica cada vez más espontánea: "Este libro os llevará a uno de los más paradisiacos rincones de la América, donde apenas se inicia la invasión de la horda rubia, ávida de oro y de conquista". Y en el final de su "Tríptico" dedicado a Rubén Darío, vuelve sobre el tema, ahora con preocupaciones de visionario. Dice al nicaragüense:

"la gloria te reserva su más ilustre lauro:
humillar la soberbia del rubio minotauro
como el divino Jorge la testa del dragón".

Esta toma de conciencia histórica en Molina puede atribuirse —además de su natural inteligencia y observación del evolutivo poder de Norteamérica—al influjo político de Froylán Turcios, quien fuera más tarde uno de los más aguerridos anticolonialistas del continente, que lanzó una gran ofensiva publicitaria en contra de los "marines" norteamericanos que invadieron Honduras en 1924y que sirvió como portavoz internacional de Augusto César Sandino por largos años (del que se separó por estrictas razones de orden ideológico: nunca aceptó de Sandino haber hecho alianza con los partidos políticos de Nicaragua).

La denuncia, la crítica, el combate, son parte innegable de las tendencias periodísticas de Molina. Si bien escribió poemas de alta categoría estética en su breve vida, también es cierto que pudo —de ser disciplinado—conformar una obra de mayor solidez y extensión. En los periódicos que dirigió existe gran cantidad de sueltos, artículos y notas en los que el tema provocador de su génesis no alcanzó mayor vigencia que la de pocas semanas. Participó—voluntariamente—del folklorismo periodístico de las tierras istmeñas, dado al personalismo infecundo, al ataque sin caballerosidad, al mordisco innoble. Trémulo de poder, abusó del poder que le otorgaba el periódico, muchas veces ridiculizando sin gracia, apostrofando, con ventaja, a sus enemigos literarios y no literarios. No faltó quien remendara el escape de su insolencia con un bastonazo en la frente, o quien le retara a duelo de pistola. Dos veces estuvo en prisión: una por motivos políticos absolutamente injustos, otra por haber disparado sobre un borracho ofensivo. Había en él—Molina—una concentración extraordinaria de energía creativa, la que muchas veces se consumía por caminos errados.

Odiaba y amaba a su medio. Sin él jamás hubiera sido lo que fue; con él jamás fue lo que hubiera sido: un escritor continental, en su momento. Todo aquello lo amargó mucho, aunque su carácter ya le señalaba propensión temprana a la melancolía y al pesimismo (lo dice en su "Autobiografía", estrofa 9a.). Los estudiosos de la Caracterología, que imperaba entonces, pudieron haberlo catalogado como (un Emotivo no Activo Secundario—Enas—) un hombre extremadamente sensible a lo que lo rodeaba, poco persistente en sus proyectos, incapaz de mantener la paciencia de una disciplina continua, sutilmente rencoroso y envuelta su alma en un vago crepúsculo de tristeza, que jamás lo abandonaría.

La vida sin embargo, no fue con él absolutamente adversa. Le dio oportunidades que repetidamente desaprovechó. Parecía renunciar a la toma de decisiones que pudieran comprometer excesivamente su futuro. Por ello añoraba tanto los días lejanos de la infancia. Múltiples citas mostrarían la permanencia del recuerdo florido de antaño y el lamento por la pérdida. Vive, pues, del pasado, en el pasado, rememorando siempre la luz brillante e inocente con que las cosas y los seres estaban alumbrados en su niñez. "Ah, he visto llover después en otros tiempos y en otros países, viendo caer, presa de un tedio horrible, el llanto de las nubes, Y entonces, soñando en un tiempo feliz que no volverá nunca, porque no volverán tus veinte años ni los míos, de súbito me ha parecido escuchar la música

de un organillo callejero, que arrulló un día nuestro amor". Y en "Anhelo Nocturno", la estrofa 19a.:

> "Ab, mi primera juventud! La cierta,
> la única juventud, la que es divina!",

y en la última estrofa

> "Para que mi mañana florezca como rosa
> de mayo, exuberante de vida y de fragancia,
> y la tierra contemple, jocunda y luminosa,
> con los ojos tranquilos con que la vi en la infancia"

Molina es un hombre físicamente joven cuando muere aunque infinitamente viejo en espíritu. Deseaba haber nacido en los albores de la civilización. En el soneto "Para un Anciano" ofrece un tema recurrente: su vejez en juventud, su otoño en abril. En Tostal" (breve poema circunstancial), dirá a Enrique Borja, tras una rítmica combinación de octosílabos, pentasílabos y bisílabos:

> "Joven, goza de tu abril
> fragante; y no lo derroches,
> que son muy cortas las mil
> y una noches.
> Este consejo de bien
> te lo da—en sus desengaños—
> quien al cumplir los treinta anos
> ha vivido más de cien"

Quizas esa misma dualidad émula de Fausto le hacía ser, a la vez, sencillo y ceremonioso. Sencillo, un manojo de debilidad y angustia frágil en el seno íntimo de una amistad segura. Pero también, inclinado al protocolo ceremonial. No a la ceremonia como mecanismo o proceso sino en su esencia; no como regulación sino como representación, es decir, la ceremonia como rito, como arquitectura propia y perteneciente sólo a los iniciados, a quienes dominan las claves de un código exclusivo. Individualista, inquieto, inestable, únicamente en el círculo orbital de la ceremonia encontraba fijos los elementos del mundo en su orden armónico. Y una vez instalado gratamente en su engranaje, acoplado a él, lo abandonaba y procuraba con su deserción destruirlo.

Es el caso de su prosa, donde el lenguaje mesurado y el aliento poético se rompen, de pronto, con una expresión fuerte o ruda. O en el mundo majestuoso de su poesía, levantado paso a paso, a pie de verso, para ser inevitablemente aniquilado. (En "El Águila", por ejemplo, cada vez más altiva, que se engrandece ante nuestros ojos, poderosa, imperial.

De pronto un rayo veloz e incendiario que inaugura nuevamente el silencio y la extensa soledad). En su vida diaria: obtenido el grado de Coronel en una revolución local, le atrae no por el título, más por el vuelo arrogante del uniforme azul y áureo, la marcialidad unánime, la perfecta sincronización formal. En síntesis: la vida en constante acto ceremonial. Cuando lo deja, ha roto un círculo de perfección (porque para él y su ambición vital nada es perfecto), e inicia otro, y otro. El último, el de su muerte, jamás podrá ser sabido si significa la apertura de un ciclo o el cierre de un estado de apetencia de futuro: "fue en verdad una de esas almas escogidas que se adelantan a su tiempo muchos años y sobresalen de su medio muchos codos".

EL OTRO MOLINA

Las páginas anteriores, destinadas a desnudar la personalidad conflictiva de Juan Ramón Molina, podrán haber originado la sensación de que el autor de Tierras, Mares y Cielos fue siempre un abandonado, un hombre permanentemente ligado al frasco de licor, huidizo por tenebrosos pasillos de vicio y miseria. Lo fue solamente en algunos períodos de su vida, lastimosamente aquellos en que debió tomar grandes decisiones. Pero también fue la suya existencia de honores, públicos en pocos casos, privados e intensamente gozosos en otros, principalmente cuando logró colocarse por uno o dos poemas a la altura de la talla de Darío, a quien había conocido en temprana edad en Guatemala, a quien admiraba profundamente y de quien recibió un poderoso influjo, esencialmente en 1905, a través de Cantos de Vida y Esperanza. Sin embargo, advierte Enrique González Martínez: "no hay en los poemas de Molina imitación verbal sino resonancia espiritual del nicaragüense; pero es imposible desconocer que el canto de Darío los ha fecundado", y Felipe Molina Larios, Profesor universitario de Estados Unidos, señala: "aunque no es tan prolífico y universal como Darío, es, como éste, clásico y moderno, hondo y exquisito, demoledor y creador".

Confrontando observaciones ligeramente sugeridas por Chaney y por Asturias38, es posible observar la intensa similitud creativa que guardaron Molina y Darío. Así como el ser humano aspira siempre a superar aquello que admira, Molina pretendía sobrepasar a Darío. Literariamente ese fue el gran reto de su vida como escritor, llegando a satisfacerlo por lo menos una vez, públicamente. Ello no significa, en forma alguna, que el corpus poético de Molina sea mejor que el de Darío, sino que prueba cómo, de ser adecuadamente dirigidos, la inteligencia y el talento de Juan Ramón Molina pudieron haber concebido originales y extraordinarios frutos. Molina y Darío se reencuentran en las reuniones de la Conferencia Panamericana de Río de Janeiro, celebradas entre el 23 de julio y el 23 de agosto de 1906. Ambos asistían como delegados—secretarios por sus respectivos países, además de Froylán Turcios, Román Mayorga Rivas, Guillermo Valencia y otros.

Eran más importantes, internacionalmente, los secretarios que los Jefes de Delegación.

Navegando de Panamá a Río de Janeiro, Rubén Darío propuso a Juan Ramón Molina y a Román Mayorga Rivas "hacer cada uno, en verso, una Salutación a los poetas brasileños", pero al leer Molina la suya "Rubén rompe el papel en que ha escrito sus versos y da un abrazo al inspirado hondureño". El hecho, relatado por varios críticos, señaló, aparentemente, una sólida amistad entre Darío y Molina, junto a Mayorga Rivas. El poema casi no fue retocado por Molina. "En esa composición están amalgamados muchos recursos de la técnica del Modernismo y no pocos elementos de su temática", afirma Max Henríquez Ureña. Escrito en alejandrinos, muestra la sonoridad y fastuosidad del estilo de Molina, algo que Julio Cejador y Frauca reafirmaría más tarde. El poema señala, definitivamente, que Molina no es innovador pero que maneja con perfección los moldes formales del Modernismo.

Un enfrentamiento mucho más trascendental —por cuanto implicaba posición ideológica y concepción de la situación americana— ocurrió en Río de Janeiro. Darío dio a conocer entonces su famosa "Salutación al Águila", poema en 15 estrofas dedicado a los Estados Unidos. En las ediciones expurgadas, dicha composición lleva la fecha "Río de Janeiro, 1906"43. Las repercusiones críticas del poema, en el resto del continente, son ampliamente conocidas, así como la famosa e ingeniosa respuesta de Darío: "lo cortés no quita lo cóndor". Sin embargo, en Río el asunto había originado un suceso menor que se relaciona con Molina.

Este, al observar la simpatía excesiva de Darío por los norteamericanos, escribe una composición que titula, con visible intención polémica, "Águilas y Cóndores". Confrontando ambos, escritos en el mismo lugar y fecha, se percibe como el eco de un diálogo, de una discusión valiente en la que Molina—el alumno— riposta al Maestro.

Darío es pro—yanki en "Salutación al Águila". Su ave imperial es la norteamericana, y aunque menciona al cóndor, este ocupa un espacio menor. Esta águila recibe—en el poema—tratamiento de destino inevitable. Dominará sobre toda América a través de la guerra, la que es "necesaria". No es que Darío desprecie la paz, sino que la ve como un producto de la guerra, como fruto impuesto por la batalla que se avecina.

Darío, en la estrofa tercia de "Salutación al Águila" dice:

"Así tus alas abiertas la visión de la paz perpetúan, en tu pico y tus unas está la necesaria guerra".

Y en la estrofa 5a.:

"No es humana la paz con que suenan ilusos profetas;
la actividad eterna hace precisa la lucha.

A lo que Molina contesta en "Águilas y Cóndores" (curiosamente también en la estrofa 5a.): América es un lugar

"donde el Pan del futuro ensayará su flauta
ajustando sus sones a una divina pauta de paz".
y en la estrofa 7 a.:
"Que la discordia buya de esta fragante tierra;
cerremos las dos puertas del templo de la guerra".

Darío da la sensación de creer en el triunfo del imperialismo norteamericano como un hecho fatal e inviolable del destino americano:

> "Es incidencia la Historia. Nuestro destino supremo
> está más allá del rumbo que marcan fugaces las épocas"
> (Estr. 6a.)

Y más adelante:

> "Tráenos los secretos de las labores del Norte,
> y que los hijos nuestros dejen de ser los rétores latinos,
> y aprendan de los yankis la constancia, el vigor, el carácter".
> (Estr. 8a.)

Molina responde no sin cierta exaltación de ofendido:

> "Quién habla de conquistas fatales?
> El destino
> nos lleva a grandes pasos de luz por el camino
> que se hunde en las abruptas gargantas de la historia"
> (Estr. 3a.)

"Salutación al Águila" indica que águilas y cóndores están separados, e invita al conocimiento:

> "Águila, existe el Cóndor. Es tu hermano en las
> grandes alturas
> (..)
> Pueden ambos juntarse, en plenitud, concordia
> y esfuerzo"
> (Estr. 10a.)

"un gran tropel de pájaros de gritos resonantes: una bandada de águilas y cóndores gigantes, unánimes, encima de los más altos montes".

Asturias, en su ensayo sobre ambos poetas, relata:

"y siguiéndole en sus temas, ante que la "Salutación al Águila" de Darío, Juan Ramón Molina comnpuso "Águilas y Cóndores", poemas que son el alerta de dos grandes visionarios, pero Molina esta vez supera a Rubén".

Más tarde, en El Canto Errante (1907) Darío ofrece un poema titulado "Metempsicosis". No se sabe si antes o después de él Molina compone uno similar. Mientras Darío circunscribe la experiencia a un espacio monotemático y reducido, refiriendo la metempsicosis de Rufo Galo, amante de Cleopatra, Molina muestra una ambición progresiva e universal, más abierta, trasladada a la experiencia del orbe a través de la evolución. Darío compone un poema breve, ligero; Molina uno más extenso, escrito en tetrástrofo monorrimo cuaderna vía.

La experiencia común en el viaje desde Río despierta en los dos escritores similares proyecciones poéticas, motivadas por la visión del mar, el cielo franco, la comunión itinerante y la observación de la raza humana. Así, "La Niña de la Patata", relato breve en que Molina describe su visión de los pasajeros del barco, registra vibraciones confluentes en una olvidada prosa de Darío: "Músicas Nocturnas". A su vez, "Los Bohemios" de Darío, presenta elementos similares con "Las Olas" de Molina. Los alemanes del barco, escribe Darío en "Músicas Nocturnas", "no se sabría decir adonde dirigen el ímpetu armonioso, si a la tierra antigua que dejaron, o a la tierra nueva en donde ven surgir una esperanza". Y Molina, en "La Niña de la Patata", luego de describir a los pasajeros de tercera (entre ellos "alemanes de barbas incultas"), retrata a "aquella amable y dulce pequeñuela (...) a bordo de aquel transatlántico que la llevaba hacia las costas de América, inconsciente de su destino, feliz con su grosera patata, bajo el bóreas hostil y sobre los vórtices del océano (...) ¡Cuál sería el mañana de esa deliciosa criatura?".

Y al separarse Darío y Molina, el primero escribe un breve poema circunstancial dedicado a Román Mayorga Rivas, en el que se destaca una clara alusión al hondureño:

> "Román: ya te vas al pensil
> de Centro América, al edén
> que yo, desde aquí, del Brasil,
> contemplo cual perdido bien.
> Te llevas de mi corazón
> un gran pedazo. Es la verdad.
> Qué baria yo sin Juan Ramón,
> parte de nuestra trinidad?"
> Y más adelante, en estrofa 8a.:

> "Pensativo digome: ¿Acaso
> A questos dos varones fieles
> dormirán en su eterno ocaso
> allá, bajo patrios laureles?"

Al respecto protesta un autor salvadoreño actual: "¿Por qué no figura Gavidia (Francisco) entre los portaliras ilustres de nuestro continente—segun Juan Ramón en sus "Águilas y Cóndores"—y miran al futuro con ojos de vidente'? Recuérdese la trilogía amistosa de Río de Janeiro: Darío (oropelesco según Max Aub y goticida para Salomón de la Selva) Molina y Mayorga Rivas".

Al contemplar en la distancia la presencia paralela, hasta la bifurcación que llevará uno a la gloria, otro al derrumbamiento, Asturias resalta el nítido espíritu cosmopolita de ambos: "para ellos, gemelos de la luz, era más vistoso hablar de Zeus que de Quetzalcoatl, de Marte que de Huitzilopochtli, de Venus que de Smucané. No se había iniciado en América todavía la reivindicación de los temas americanos" (aunque Gavidia, valga recordarlo, ya proponía desde entonces al quetzal como ave heráldica), "fueron gemelos de las formas verbales", y agrega al comparar "Lo Fatal" (de Cantos de Vida y Esperanza, Madrid, 1905) y "Anhelo Nocturno", de Molina (s.f.): "¿Conoció Juan Ramón Molina "Lo Fatal" antes de escribir su poema "Anhelo Nocturno", o se trata de una simple coincidencia?" No hay respuesta definitiva, aunque el efecto no parece provenir de una simple coincidencia sino de imitación o de semejante emoción espiritual:

Darío:

"Dichoso el árbol que es apenas sensitivo
y más la piedra dura porque esa ya no siente,
pues no hay mayor dolor que el dolor de ser vivo,
ni mayor pesadumbre que la vida consciente."

Molina:

"Ser del todo insensible como la dura piedra,
y no tallado en uno doliente carne viva
de nervios y de músculos. O ser como la hiedra que
extiende sus tentáculos por manera instintiva."

Inviniendo el proceso, sería posible que Darío copiara a Molina alguna vez? Esto, que sonará cual sacrilegio a los estudiosos de Darío, aparenta haber sucedido. Molina concluyó su vida y obra en 1908, al morir a las cinco en punto de la tarde el 2 de noviembre. Darío publicó en Canto a la Argentina y otros poemas (Madrid,1914) un pequeño relato en verso ("La Rosa Niña"), que había escrito en 1910, según sus editores. Diez Canedo51 señala, además, que Darío reprodujo el poema en Mundial Magazine (como en efecto aparece en el Vol. III, No. 13, de mayo 1912; página 28), y que en el folleto Alfonso XIII y sus primeras notas (el que no he podido comprobar por lo poco asequible del texto), Darío asegura haber escrito

"La Rosa Niña" a los 14 años, esto es, en 1881 (Molina tenía entonces 6 años de edad). Era imposible, pues, que el hondureño hubiera leído jamás el poema, pues nunca había sido publicado antes de 1912 (y Molina, recordémoslo, había muerto cuatro años antes).

Extrañamente, ambos autores trataron un mismo tema en forma tan similar, que favorece más a la duda que a la certeza sobre la afirmación de Darío. "La Rosa Niña"(:1881?;1910?) y "Tréboles de Navidad" del hondureño, refieren el nacimiento del niño—Dios y la cabalgata de los Reyes Magos hacia Belén. En la obra de Darío surge una niña que para regalar a Jesús—niño se convierte en flor. En el de Molina es el mismo poeta quien desprende de su corazón una flor para otorgarla.

Confrontando ambos textos encontramos que "La Rosa Niña" (Darío) está escrito en 17 serventesios y 1 sexteto, predominando los dodecasílabos y tridecasílabos. "Tréboles de Navidad" prefiere, para acercarse al villancico navideño, el octosílabo armado sobre 12estrofas irregulares. Dado que ambos parten de la leyenda bíblica, la serie de elementos poéticos que estructuran las composiciones es la misma.

Darío (estrofa 1a.):

"flor de infancia llena de una luz divina
que humaniza y dora la mula y el buey".
Molina (estrofa 3a.):

que sonries, a la mula
o que lloras junto al buey"

Pero, posteriormente, esos mismos materiales temáticos no sólo guardan semejanza por sí mismos sino por el enfoque y utilización narrativa que se les da. Molina dirá en la estrofa 7a.:

"¿Tienes frio? Te calientas
con el vabo de ese buey",

y Darío, en la estrofa 13a.:

"La madre miraba su Nino—lucero;
las dos bestias buenas daban su calor."

De la misma manera, sorprende la igualdad de disposiciones de
la estructura global de los dos poemas. El desarrollo y consecución
gradual logran ubicaciones perfectamente paralelas. Darío escribe en
la estrofa 3a.:

"Frio matinal refresca belfos de camellos",
y en la 4a.:

"los ágiles trotes de potros de Arabia".

Molina, también en estrofa 4a., describirá:

"del corcel de Baltazar,
del camello de Melchor
y el onagro de Gaspar".

Lo mismo en la 6a.:

purpuras, mirras, inciensos, perfumes, diamantes y oros"
(Molina, "Tréboles de Navidad").

Darío, en "La Rosa Niña", estrofa 6a.:

"por tanto el incienso, la mirra y el oro".

Si antes la semejanza se da en el piano sustantival, ahora, hacia el final de ambos poemas, lo será en el verbal (Darío) y el de sustantivo verbal (Molina), en las estrofas 12a., y 11a., respectivamente:

"La Rosa Niña":
La niña "se quedó pasmada, pálido el semblante,
porque no tenía nada que ofrecer".

"Tréboles de Navidad":
"Ni una ofrenda, ni una cosa
fabulosa
te he de dar."

Molina concluye con un efecto mucho más humano y personal, subjetivo: regalará al niño una parte de sí mismo, su parte aún conservada de inocencia y pureza, en forma de flor que el dolor no ha marchitado. Darío es más imaginativo pero impersonal, más narrativo que espiritual: la niña sufre metamorfosis en flor, mientras atrás, con cierto sabor pagano, "la sonrisa lejana de Ovidio aplaudía."

Esta paralela creación ha sido vista, ocasionalmente, bajo parroquiales criterios provincianos que han servido para atacar, con poca elegancia polémica, a Juan Ramón Molina. Nadie puede negar la fecundidad poética de Rubén Darío ni disputarle su merecido sitio privilegiado en la literatura del mundo. Molina se encontró innumerables veces bajo el sano influjo estético del nicaragüense. No alcanzó más por falta de oportunidades y por indisciplina típicamente tropical. Su obra quedó dispersa en periódicos y revistas, y, fuera de un par de opúsculos, jamás editó un texto completo ni depuró su obra para darla al Público. Él mismo reconoció noblemente la superioridad del Maestro, en su "Tríptico" de sonetos dedicado a Darío, y si bien pretendía alcanzar el dominio y genialidad de este le sobraba talento y dominio... pero le faltó genio y persistencia. Careció, además, del don de la publicidad y el cultivo de la relación humana. Fue un león que nunca desarrolló toda la velocidad de sus músculos, un águila que sobrevoló en círculos.

Cierto autor nicaragüense llegó, incluso, a acusarlo de plagio, asegurando ser "Ananke", de Azul, mejor que "El Águila".

"En el Salón de Retratos", de Molina, imitación de José Asunción Silva; "Prefacio Annabel Lee", plagio de Poe (claramente una irreflexiva confusión de títulos), y "Pesca de Sirenas", excelente soneto de Molina, un remedo de la prosa de Darío titulada "Los Pescadores de Sirenas", la que—según Cabrales—comienza "Péscame una, oh egipán pescador, que tenga en sus escamas radiantes"...en tanto que el soneto de Molina, en su primer verso: "Péscame una sirena, pescador sin fortuna", sin mayor similitud posterior. Negación de la negación. Crítica más audaz que sobria.

Darío, a pesar de su escueta opinión manifestada al desaparecer Molina, pareció guardarle estima especial. Rafael Cardona asegura que "Darío tuvo para él cierta profunda admiración y casi receloso respeto". El hondureño, agrega, "como hombre fue enérgico, amargo y tierno; su melancolía es casi una acritud, la negra "bilis" de los latinos, y por eso es creadora. Pero su dulzura, su poder de maravillar, son únicos. Hay tanto sol en él que su poesía no admite noche."

Max Henríquez Ureña tuvo el feliz atisbo de la personalidad total de Molina, esto es, la del característico escritor latinoamericano de entonces, hacedor supremo, combatiendo a la vida, conquistándola palmo a palmo, reposando para cantarla en versos finos. En Breve Historia del Modernismo sintetiza: "Juan Ramón Molina fue, ante todo, poeta. Se incorporó a la corriente modernista, pero a lo largo de toda su obra perdura el recuerdo de Bécquer, y, a veces, el de Díaz Mirón en su primera época. Actuó en la vida pública, fue hombre de gobierno, estuvo preso por causas políticas y hubo un día en que se echó el fusil al hombro como revolucionario."

Fue, pues, un hombre sumamente polifacético. Hay en su vida tonos tan tristes de tragedia como oro de gloria, y en su obra gestos tan desesperados de necesidad de solidaridad humana como excelsa soberbia de una inteligencia brillante, harto segura de sí misma.

Tradicionalmente se culpa al ambiente pobre en lo intelectual, en la Centroamérica de ayer y hoy, como causa de su agotamiento y de la oscuridad en que se le ha tenido por más de sesenta años. Algo hay de cierto en ello, pero una explicación tan simple —y naturalista—no satisface plenamente. Asturias sostiene esta teoría a lo Nietzsche (que Molina proclamaría gustosamente suya) cuando afirma: murió "del corazón, decía el parte médico, debido a los excesos de alcohol y morfina. Pero cuanto más justo sería decir que el poeta moría en el desaliento, en el abandono, en el olvido que ya lo acompañaba como su sombra de exiliado, en aquella sociedad materialista en la que los seres que consagran la vida al espíritu, no valen nada, sino después de muertos".

Ante la imposibilidad de una explicación más luminosa, viendo morir hombres de numen y valor elevado, año tras año, en las condiciones misérrimas del istmo, vale preguntarse, en este sencillo colofón, si no es tiempo ya de transformar radicalmente a

Centroamérica, y que de una vez, final, estremecedora, en la conjunción de los pueblos y los hombres de luces, "saludemos la gloria futura de la América, que todas las espigas se junten en un haz. Unamos nuestras liras y nuestros corazones, que ha llegado el crepúsculo de las anunciaciones, para que baje el ángel de la celeste paz".

San José de Costa Rica,1977.

SUENA LA CAMPANA

SALUTACIÓN AL ÁGUILA por RUBÉN DARÍO

Bien vengas, mágica Águila de alas enormes y fuertes,
a extender sobre el Sur tu gran sombra continental,
a traer en tus garras, anilladas de rojos brillantes,
una palma de gloria, del color de la inmensa esperanza,
y en tu pico la oliva de una vasta y fecunda paz.
extender sobre el Sur tu gran sombra continental,
a traer en tus garras, anilladas de rojos brillantes,
una palma de gloria, del color de la inmensa esperanza,
y en tu pico la oliva de una vasta y fecunda paz.
Bien vengas, oh mágica Águila, que amara tanto Walt Whitman,
quien te hubiera cantado en esta olímpica jira,
Águila que has llevado tu noble y magnífico símbolo
desde el trono de Júpiter, hasta el gran continente del Norte.
Ciertamente, has estado en las rudas conquistas del orbe.
Ciertamente, has tenido que llevar los antiguos rayos.
Si tus alas abiertas la visión de la paz perpetúan,
en tu pico y tus uñas está la necesaria guerra.
¡Precisión de la fuerza! ¡Majestad adquirida del trueno!
Necesidad de abrirle el gran vientre fecundo a la tierra
para que en ella brote la concreción de oro de la espiga,
y tenga el hombre el pan con que mueve su sangre.
No es humana la paz con que sueñan ilusos profetas,
la actividad eterna hace precisa la lucha,
y desde tu etérea altura, tú contemplas, divina Águila,
la agitación combativa de nuestro globo vibrante.
Es incidencia la historia. Nuestro destino supremo
está más allá del rumbo que marcan fugaces las épocas,
y Palenque y la Atlántida no son más que momentos soberbios
con que puntúa Dios los versos de su augusto Poema.
Muy bien llegada seas a la tierra pujante y ubérrima,
sobre la cual la Cruz del Sur está, que miró Dante
cuando, siendo Mesías, impulsó en su intuición sus bajeles,

que antes que los del sumo Cristóbal supieron nuestro cielo.
E pluribus unum! ¡Gloria, victoria, trabajo!
Tráenos los secretos de las labores del Norte,
y que los hijos nuestros dejen de ser los rétores latinos,
y aprendan de los yanquis la constancia, el vigor, el carácter.
¡Dinos, Águila ilustre, la manera de hacer multitudes
que hagan Romas y Grecias con el jugo del mundo presente,
y que, potentes y sobrias, extiendan su luz y su imperio,
y que teniendo el Águila y el Bisonte y el Hierro y el Oro,
tengan un áureo día para darle las gracias a Dios!
Águila, existe el Cóndor. Es tu hermano en las grandes alturas.
Los Andes le conocen y saben que, cual tú, mira al Sol.
May this grand Union have no end!, dice el poeta.
Puedan ambos juntarse en plenitud, concordia y esfuerzo.
Águila, que conoces desde Jove hasta Zarathustra
y que tienes en los Estados Unidos tu asiento,
que sea tu venida fecunda para estas naciones
que el pabellón admiran constelado de bandas y estrellas.
¡Águila, que estuviste en las horas sublimes de Pathmos,
Águila prodigiosa, que te nutres de luz y de azul,
como una cruz viviente, vuela sobre estas naciones,
y comunica al globo la victoria feliz del futuro!
Por algo eres la antigua mensajera jupiterina,
por algo has presenciado cataclismos y luchas de razas,
por algo estás presente en los sueños del Apocalipsis,
por algo eres el ave que han buscado los fuertes imperios.
¡Salud, Águila! Extensa virtud a tus inmensos revuelos,
reina de los azures, ¡salud!, ¡gloria!, ¡victoria y encanto!
¡Que la Latina América reciba tu mágica influencia
y que renazca nuevo Olimpo, lleno de dioses y de héroes!
¡Adelante, siempre adelante! Excelsior! ¡Vida! ¡Lumbre!
Que se cumpla lo prometido en los destinos terrenos.
¡Y que vuestra obra inmensa las aprobaciones recoja
del mirar de los astros, y de lo que hay más Allá!

ÁGUILAS Y CÓNDORES por JUAN RAMÓN MOLINA

A Alejo S. Lara

Para ti, gran inteligencia y gran corazón, que en el augusto silencio de la amistad enfloraste mi lira y me tendiste la mano. Mi espíritu augur a través de la diaria vida mediocre hace un signo a tu alma patricia —véneta o florentina. triplemente capaz de amar, sentir y comprender,

J.R.M.

¡Portaliras ilustres de nuestro Continente:
miremos el futuro con ojos de vidente,
con ojos que irradiasen —de sus cuencas sombrías—
la luz de las más grandes y fuertes profecías;
la luz de Juan —con su águila y su delirio a solas—
frente al eterno diálogo de las convulsas olas,
que oyeron —bajo un cielo de horror y cataclismo—
las cosas que le dijo la lengua del abismo;
voces de Dios: hipérboles, parábolas y elipsis
que truenan en el antro del negro Apocalipsis!

¿Hermanos no seremos en la América?
Todos
nacimos de los gérmenes vitales de sus lodos:
desde el rubio hiperbóreo que en el norte domina
hasta el centauro indómito de la pampa argentina,
que rige los ijares de su salvaje potro
como las ruedas rítmicas de su máquina el otro,
cual si quisieran ambos —henchidos de arrogancia—
suprimir el obstáculo del tiempo y la distancia.

Para Dios —que los orbes con su palabra crea—;
que, antes que el viejo kosmos, hizo el fiat de la idea,
dando así —en la medida de su alto pensamiento—

más valor a una sílaba que a todo el firmamento,
porque hay una mecánica más divina y completa
en una hermosa idea que en el mejor planeta;
para ese Dios que todo lo ve, lo pesa o traza,
no hay en el Nuevo Mundo más que una sola raza,
raza que tiene sones de próxima marea
a los pies de los Andes: muralla ciclópea,
dragón en cuyo dorso se erizan cien volcanes,
que barre con su apéndice el mar de Magallanes,
y tritura en sus dientes —en la región del bóreas—
un enorme oso blanco: las tierras hiperbóreas.

¿Quién habla de conquistas fatales?
El destino
nos lleva a grandes pasos de luz por el camino
que se hunde en las abruptas gargantas de la historia.
Calienta nuestros éxodos un almo sol de gloria:
de otras razas cargamos los cíclicos escombros
para oprimir en ellos nuestros hercúleos hombros;
cortamos en los bosques las más ilustres palmas;
fundimos en las almas antiguas nuestras almas;
seguimos, como norma de vida, los ejemplos
máximos: el Dios único se adora en nuestros templos;
somos los herederos de un mundo amortajado:
¿Qué hacer con ese enorme depósito sagrado?

¡Un manantial de bienes, magnífico y fecundo!
Cuando Dios nos donara este soberbio mundo;
cuando trazó a Colombo su misteriosa estela,
soplando —desde el cielo— la lona de su vela;
cuando le envió —del fondo de incógnitas orillas—
como señal de tierra, sus algas amarillas;
cuando empujó benigno, con invisibles manos
la popa en que los graves patriarcas puritanos,
confiándose en su biblia, iban cantando en coro,
sobre las turbias aguas del piélago sonoro,
para que —en las enormes y hostiles soledades—
alzaran sus soberbias y cíclicas ciudades;
cuando envió sus ciclones y sus borrascas fieras

a Cabral —arrojándole a costas brasileras—
para que las sublimes trompetas de la fama
proclamasen su nombre con el del alto Gama,
y el genio lusitano brillara prepotente
desde el remoto Oriente al lejano Occidente,
no fue para dar vida a razas de Caínes:
¿cómo iban a ser esos sus misteriosos fines?
Fue para que —de América en el feliz regazo—
nos diéramos eterno y fraternal abrazo
de amor —de los dos mares al gigantesco arrullo—
de sus florestas tórridas al lírico murmullo
donde el Pan del futuro ensayará su flauta
ajustando sus sones a una divina pauta
de paz.
¡Junto a los ríos de milenarios cauces,
donde abrevar pudieran sus sitibundas fauces.
—sin que faltara un átomo de su raudal ameno—
los corceles de Atila, de Tamerlán y Breno!

¡Razas del Nuevo Mundo! Pueblos americanos:
en este continente debemos ser hermanos,
bajo el techo de estrellas de nuestro Eterno Padre:
la madre de nosotros es una misma madre
es una misma Niobe, que nos brindó su seno,
de calor, y de leche, y de dulzura lleno:
inagotable seno cuyo licor fecundo
dará la vida a todos los huérfanos del mundo.
Que la discordia huya de esta fragante tierra;
cerremos las dos puertas del templo de la guerra;
en el Tártaro ruede la caja de Pandora,

¿Acaso nos alumbra una feliz aurora?

Ya despuntó. Un Apolo más joven y bizarro
sujeta a su cuadriga el argentino carro.
Parte como un relámpago. En el azul sereno
repercute su fuga como un alegre trueno.
Una luz de milagro en el Oriente asoma.
Voló del Arca sobre la tierra una paloma

para escrutar el légamo de los viejos diluvios.
Un viento matutino, pletórico de efluvios,
sobre todas las frentes de la América avanza.
Cada pecho es como urna de paz y de esperanza;
florecen nuevas rosas en agresivos cardos;
las llagas se suavizan con ungüento de nardos;
los crótalos de la ira no vierten sus ponzoñas;
aceites de consuelo se ven en las carroñas;
Caín —con su salvaje melena alborotada—
no blande enloquecido su criminal quijada;
un cántico armonioso preludian las mareas...

¿Qué miro?
Grandes hordas de pueblos y de ideas
vienen sobre la música de las mareas sordas;
revueltas muchedumbres, cosmopolitas hordas,
y gentes, y mesnadas, y pueblos, y naciones.
Escucho la pisada febril de sus talones,
el latir de sus pechos —hirvientes como fraguas—
sus lenguas, como el grave rumor de muchas aguas;
oigo sonar sus místicos y melodiosos bronces,
glorificando al Dios del Universo.

Entonces
Él ha de ver —del fondo de su divino cielo—
pasar, bajo las nubes, un fragoroso vuelo,
un gran tropel de pájaros de gritos resonantes:
una bandada de águilas y cóndores gigantes,
unánimes, encima de los más altos montes,
perdiéndose en sublimes y azules horizontes.
¡Y ante esa visión de aves, fortísimas y hurañas,
tendrá como un gran gozo de miel en las entrañas!

METEMPSICOSIS por RUBÉN DARÍO

Yo fui un soldado que durmió en el lecho
de Cleopatra la reina. Su blancura
y su mirada astral y omnipotente.
Eso fue todo.

¡Oh mirada! ¡oh blancura! y oh, aquel lecho
en que estaba radiante la blancura!
¡Oh, la rosa marmórea omnipotente!
Eso fue todo.

Y crujió su espinazo por mi brazo;
y yo, liberto, hice olvidar a Antonio.
(¡Oh el lecho y la mirada y la blancura!)
Eso fue todo.

Yo, Rufo Galo, fui soldado y sangre
tuve de Galia, y la imperial becerra
me dio un minuto audaz de su capricho.
Eso fue todo.

¿Por qué en aquel espasmo las tenazas
de mis dedos de bronce no apretaron
el cuello de la blanca reina en broma?
Eso fue todo.

Yo fui llevado a Egipto. La cadena
tuve al pescuezo. Fui comido un día
por los perros. Mi nombre, Rufo Galo.
Eso fue todo.

METEMPSICOSIS por JUAN RAMÓN MOLINA

Del ancho mar sonoro fui pez en los cristales,
que tuve los reflejos de gemas y metales.
Por eso amo la espuma, los agrios peñascales,
las brisas salitrosas, los vívidos corales.

Después, aleve víbora de tintes caprichosos,
magnéticas pupilas, colmillos venenosos.
Por eso amo las ciénagas, los parajes umbrosos,
los húmedos crepúsculos, los bosques calurosos.

Pájaro fui en seguida en un vergel salvaje,
que tuve todo el iris pintado en el plumaje.
Amo flores y nidos, el frescor del ramaje,
los extraños insectos, lo verde del paisaje.

Tornéme luego en águila de porte audaz y fiero,
tuve alas poderosas, garras de fino acero.
Por eso amo la nube, el alto pico austero,
el espacio sin límites, el aire vocinglero.

Después, león bravío de profusa melena,
de tronco ágil y fuerte y mirada serena.
Por eso amo los montes donde su pecho truena,
las estepas asiáticas, los desiertos de arena.

Hoy (convertido en hombre por órdenes obscuras),
siento en mi ser los gérmenes de existencias futuras.
Vidas que han de encumbrarse a mayores alturas
o que han de convertirse en génesis impuras.

¿A qué lejana estrella voy a tender el vuelo,
cuando se llegue la hora de buscar otro cielo?
¿A qué astro de ventura o planeta de duelo,
irá a posarse mi alma cuando deje este suelo?

¿O descendiendo en breve (por secretas razones),
de la terrestre vida todos los escalones,
aguardaré, en el limbo de largas gestaciones,
el sagrado momento de nuevas ascensiones?

ANHELO NOCTUNRNO por JUAN RAMÓN MOLINA

La lluvia su monótona charla dice afuera.
La puerta de mi cuarto por fin está cerrada.
Quizás en esta noche no grite mi quimera
y goce del olvido profundo de la almohada.

¡Hace ya tanto tiempo que en reposar me empeño,
como si me turbara la fiebre del delito,
que mis ojos enclavo —de los que huyera el sueño—
en la siniestra esfinge del lúgubre infinito!

Mas hoy todos los seres me han parecido buenos,
el cielo azul brindóme su calma vespertina,
y—libre de pecados y libre de venenos—
purifiqué mi cuerpo en agua cristalina.

Quiero la paz aquella de la primer mañana
cuando, en el seno de Eva, tranquilo e inocente,
Adán durmió, al arrullo de amor de la fontana,
ajeno a las pomesas de la sutil serpiente.

Un nirvana sin término, letárgico y profundo,
en el que olvide todas mis dichas y mis males,
la secreta congoja de haber venido al mundo
a resolver enigmas y problemas fatales.

Ser del todo insensible como la dura piedra,
y no tallado en una doliente carne viva
de nervios y de músculos. O ser como la hiedra
que extiende sus tentáculos por manera instintiva.

No como el pobre bruto del llano y de la cumbre
sujeto a la ley ciega de inexorable sino,
que en sus miradas tiene la enorme pesadumbre

de todo aquel que encuentra muy bajo su destino.

Así gozar quisiera de imperturbable sueño
cuando la noche baja de los cielos lejanos.
Estrellas:derramadme vuestro letal beleño.
Arcángeles: mecedme con vuestras leves manos.

Para que mi mañana florezca como rosa
de mayo, exuberante de vida y de fragancia,
y la tierra contemple, jocunda y luminosa,
con los tranquilos ojos con que la vi en la infancia.

LO FATAL por RUBÉN DARÍO

Dichoso el árbol que es apenas sensitivo,
y más la piedra dura, porque esa ya no siente,
pues no hay dolor más grande que el dolor de ser vivo,
ni mayor pesadumbre que la vida consciente.

Ser, y no saber nada, y ser sin rumbo cierto,
y el temor de haber sido y un futuro terror…
Y el espanto seguro de estar mañana muerto,
y sufrir por la vida y por la sombra y por
lo que no conocemos y apenas sospechamos,
y la carne que tienta con sus frescos racimos,
y la tumba que aguarda con sus fúnebres ramos,
¡y no saber adónde vamos,
ni de dónde venimos!…

EL ÁGUILA por JUAN RAMÓN MOLINA

Y el águila exclamó con voz terrible:
—en una cuenca informe
nací, en esta montaña inaccesible,
que fue tal vez la enorme
atalaya de rocas de granito
que a una raza de cíclopes sirviera
para explorar con su pupila fiera
la vacua inmensidad de lo infinito.

Un pálido crepúsculo
—tímido heraldo del glorioso día—
envolvió suavemente la nidada
donde mi vieja madre aletargada
con su robusto cuerpo me cubría.
Saqué, llena de anhelos,
debajo el ala tibia y protectora
la cabeza. En los cielos
donde quedaban de la sombra rastros,
iba apagando la rosada aurora
las temblorosas luces de los astros,
con su soplo sutil. En ese instante
surgió, tras la muralla de los montes
el nuevo sol, magnífico y radiante:
mientras que los corceles de la noche
huyendo por los claros horizontes,
desbocados e inciertos,
en el profundo foso del vacío,
heridos por mil flechas inflamadas,
se desplomaron muertos.

Mi madre, al despertar, abrió las alas
a una cresta bravía
y allí, posada en ademán soberbio,
contempló con el ojo dilatado

aquel sol que subía
como un globo de púrpura incendiado.
A las grandes alturas
despúes tendió su vuelo,
cruzando sobre valles y llanuras,
siguiendo la enriscada cordillera
hasta perderse en el confín. Llegaba
el sol a la mitad de su carrera
cuando volvió a su nido de ramajes,
con un níveo cordero hecho pedazos,
dando gritos salvajes,
sacudiendo aletazos.

Luego crecí, volé con pocas fuerzas
a las rocas cercanas;
después, valor cobrando,
volé a las yermas cúspides lejanas
que coronan gritando
las venerables águilas ancianas.
Y hoy, ya lanzada sin temor al viento,
trazo en él espirales
y puedo en un momento
subir a las regiones celestiales;
y tiene tal audacia y tal aliento
mi poderoso vuelo vagabundo
que, si quisiera un día,
sin detenerme a descansar podría
darle la vuelta al mundo.

Mi aspecto es muy altivo:
el moño de mi testa se asemeja
al penacho guerrero
de un noble paladín. Un ojo vivo
y grande, bajo el arco de mi ceja,
se hunde lleno de luz. De fino acero
y con forma de gancho
es mi terrible pico,
firme y cortante, poderoso y ancho.
Mi cabeza marcial que el aire peina

es redonda, pequeña y bien formada,
me ciñe el cuello, cual si fuera reina,
magnífico collar. Mis alas rudas
son dos alas tremantes
de plumas puntiagudas,
compactas y brillantes,
que después de cubrir el atrevido
pecho que tengo, bajan ya más breves
a resguardar mi torso que se ha hundido
en todas las entrañas y las nieves.
Son ásperos mis dedos. Y las uñas,
con que a la piel del que vencí me aferro
son hechas con el hierro
de las cotas y lanzas. Es leonado
mi espléndido color, mi ademán noble,
y me palpita un corazón osado
en un cuerpo más sólido que un roble.
La mirada del lince no es más fina
que la que amenazante
echo sobre reptiles y cuadrúpedos
desde la cima del cenit radiante,
coronado de rayos. Si me poso
al borde de un peñón hendido a tajo,
y una invisible mano arranca al monte
una roca de cuajo
lanzándola al abismo, pongo atento
oído al rumor hondo,
y recojo el estrépito violento
que sube retumbando desde el fondo.

Después que atisbo a la confiada víctima
que en el llano o el árbol me provoca,
pliego el ala de súbito,
y más veloz que el rayo fulminante
caigo sobre ella, de la rabia loca,
hundiéndole las uñas. Aunque luche
por escaparse con esfuerzos vivos,
vencida y desmayada,
queda bajo mis dedos convulsivos

sujeta contra el suelo. La cabeza
con su garra sola
le oprimo con tesón. Abro las alas,
y apoyada en la base de mi cola,
gozo escuchando el estertor. El ojo,
que la luz del espacio recogía,
se vuelve turbio y rojo
al bañárseme en sangre. El pico abierto,
mientras dilata la hórrida agonía,
dejo salir mi lengua palpitante,
semejando una rígida tenaza
que la hoja deslumbrante
saca del fuego de la roja hornaza.

¡Nada me arredra! Si el destino adverso
me depara un encuentro peligroso
con una bestia montaraz y fiera,
me vuelvo más osada y más valiente,
hasta que me alzo victoriosa al cielo
llevándola en mis garras prisionera.
En las febriles épocas del celo,
cuando cuida mi dulce compañera
del implume aguilucho, mi polluelo,
devasto el valle que mi vista abarca,
aterro los rebaños y pastores,
y al nido donde tengo mis amores
llevo el botín que cojo en la comarca.

Luego que en un festín de carne cruda
mi apetito he saciado,
cansada, triste y muda,
me voy a reposar sobre una roca
con el buche inclinado.
En las cálidas horas del estío,
en esas horas largas y terribles,
en que parece que los pies caminan
sobre ascuas invisibles;
en que el sol encendido
va rompiendo las aguas luminosas

de un mar hirviente de metal fundido;
en que abre sudorientas
la tierra sus mil grietas, como bocas
enormes y sedientas
de un sorbo de agua. Cuando el tigre fiero
sestea en su cubil de la espesura
sin pensar en su instinto carnicero;
y abandonando el árido paraje
el antílope busca la frescura
del umbroso follaje
desbordante de savia y de verdura;
cuando el león acezando
retírase a sus cóncavas cavernas
donde la prole está, y allí acaricia
de su querida las velludas piernas
bramando de lujuria y de delicia
al contemplarla tan hermosa; entonces
voy a bañarme al anchuroso río
orlado de nenúfares y espumas,
humedeciendo en el cristal movible
mi clámide de plumas.
Y por la tarde, cuando el sol expira
tras su carrera vasta
en su lecho de nubes y arreboles,
vuelvo al hogar, donde me aguarda siempre
mi compañera casta,
aquella que me quiere hace cien soles
con fiel cariño y con amor constante,
desde que pudo verme cierto día
vagando sobre cúspides errante.

En un pequeño quicio
junto a mi hogar, colgado
en las fauces de un hondo precipicio,
las alondras y oscuras golondrinas
sus nidos han formado
con las yerbas más suaves y más finas,
como buscando protección. Alegres
me siguen, si de pronto

en las mañanas tibias
al éter me remonto,
puro y azul, y mi regreso espían
cuando el fulgor postrero
del crepúsculo vuelvo a la montaña,
asomando las tiernas cabecitas
y metiéndolas luego en su agujero
para sacarlas otra vez. No temen
el poder de las águilas,
que no hacen de él alarde
en unos pajarillos infelices,
sino contra el cobarde
milano vil, que en la feraz campiña,
si devoramos una presa, a veces
quiere igualarse con nosotros, cuando,
dignas de su bajeza y su rapiña,
les tocan a ellas despreciables heces.

Yo soy la imagen de la fuerza. Nadie
a mis dominios sube
sin que pague muy cara su osadía.
De un rápido aletazo
divido en dos la nube
cuando se atreve a importunarme. Un día
un cazador, oculto entre las breñas,
me disparó sus balas,
y con un solo golpe de mis alas
rodó aturdido por las duras peñas.
Si mi vuelo lo oprime,
el aire de la agreste cordillera
a mis costados gime
cediéndome lugar. Sin sacudidas
me elevo a los espacios audazmente,
con las alas tendidas
y con el cuello rígido. Las ráfagas,
vagabundas e inquietas,
siguen mi huella en turbas ladradoras,

como queriendo conocer conmigo
la cuna en que nacieron los planetas
en cendales magníficos de auroras.

El viejo invierno es el mejor amigo
que tengo por el cielo;
el viejo invierno, que una vez al año
de su alcázar de hielo
sale crudo y huraño,
y rompiendo los odres de los vientos,
y soltando los líquidos raudales,
cruza por los abismos siderales
ceñido de relámpagos sangrientos.
Yo conozco las fraguas donde viven
los terribles Vulcanos del vacío
haciendo sus ensayos,
y envueltos en sus mantos —nubarrones
oscuros y andrajosos—
templan los haces de encendidos rayos
al compás de los truenos pavorosos.
Al ruido, los lejanos aquilones
como un tropel de fieras,
rugen desde el confín, los huracanes
óyense ayes profundos,
derrotados se escapan los vestigios
y parece otra vez que se repite
la gestación de los actuales mundos
en el oscuro seno de los siglos.
Al ígneo sol, a él mismo,
lo miré arrebujarse entre su manto,
pálido ya de espanto.
Hui entonces del abismo
ensordecido por aquella guerra,
como por el rumor estrepitoso
de una inmensa catástrofe... La tierra
tiritaba de pánico y de frío.

Y envuelta en la vorágine
de un gran viento bravío

que a su paso tronchaba
de las selvas los árboles gigantes,
llegué a amparar mi tímido polluelo,
en tanto que la sierra vacilaba
sobre su eterna base de diamantes
bajo la inmensa cólera del cielo.
Pero si la borrasca me echa al nido
y ante su empuje cedo,
¿quién otro me ha infundido
el vergonzoso miedo?
El mar que a la ribera
sujetan con amarras,
ocultas, ciegas e inmutables leyes,
no ha intimidado mi arrogancia fiera
al azotarme con furor las garras
clavadas al peñón. La cruel pantera,
desde su bosque de bambúes frágil
en vano ruge para mí. Y el tigre
manchado, aleve y ágil,
nunca hundirá sus aceradas uñas
en mis carnes. El rudo
rinoceronte de pesados miembros,
de groseras pezuñas
y cuerno poderoso,
no puede echarse sobre mí. Ni el oso,
ni el león melenudo,
el rey de los mamíferos feroces,
que asorda con el trueno de sus roncas
y prolongadas voces
el bosque virgen y las cuevas broncas.

Si ellos rugen, yo grito;
si ellos guardan la selva, yo los montes
de entrañas de granito,
los vastos horizontes,
el grandioso infinito.
Si un áspero pelaje
les envuelve la piel, y con furioso
ademán mueven la melena hirsuta,

yo tengo mi plumaje
y mi penacho airoso.
No les envidio la apartada gruta
que tienen en los bosques seculares,
ni sus garras retráctiles,
ni sus recios y elásticos ijares,
ni los sutiles trancos,
ni los hijuelos, ni su joven hembra
que al vagar por cañadas y por cauces
ebria de amor, las fauces
abre gimiendo y el espanto siembra.
Porque en las altas rocas escabrosas
un nido tengo. Porque son mis garras
como las de ellos; y al costado mío
jamás hundirse pudo
la envenenada punta de los dardos,
como si fuera un resistente escudo.
Porque si tienen círculos de dientes,
yo tengo un pico curvo y acerado
en que han agonizado
retorciéndose en vano mil serpientes.

Y en cambio ¿quién ostenta
esta movible cauda,
este firme timón en que confío
para lanzarme al piélago bravío
de la oscura tormenta?
¿Quién tiene el ala más potente y rauda
que el ala que yo pongo en movimiento
para cruzar el viento,
para azotar la gigantesca tromba
que como cono hacia los cielos sube
del irritado abismo de los mares,
como si Dios, oculto en una nube,
tirada de la red de grandes olas
donde se agitan monstruos a millares?
¿Quién tiene esta pupila irresistible
que al espacio sin límites se tiende
fulgurante y terrible,

que es igual a una llama,
si la salvaje cólera la enciende
o si el amor la inflama;
que percibe —al cernerse al mediodía
bajo los cielos altos—
el vaivén de una rama,
el corderillo en la florida loma,
de la liebre los saltos
y el volar de una cándida paloma;
que en la serena noche despejada,
de estrellas rutilantes coronada,
mira brillar a Marte
en el fondo del claro firmamento
como si fuera un ojo
fijo, enorme y sangriento?

Jove, que fue el señor de la ancha esfera,
me destinó, en decretos inmortales,
a ser su mensajera,
a conducir los rayos celestiales.
Y al quedar para siempre desolado
su hermoso cielo, de esplendores lleno,
al extinguirse en el azul sagrado
la alegre carcajada de los dioses
y el olímpico trueno,
triste vagué en el clamoroso espacio
por misteriosas fuerzas sacudido,
y fui a formar mi inaccesible nido
más allá de las cúspides del Lacio.

Yo de la humanidad civilizada
miré el día primero
deslizarse tranquilo,
y he conocido el báculo de Homero
y la calva de Esquilo.
Yo soy hermana de los genios. Ellos,
con su numen ardiente,
vuelan también a la región del cielo
a librar con anhelo

en la copa del éter transparente
de la alma luz.
Yo soy el ave noble
el ave de la gloria,
que los guerreros el rudos
conducen como nuncio de victoria.
Yo estoy en los escudos
donde se embotan las espadas fieras
en los cascos de bronce,
en las sacras banderas.
Yo la reina de las aves. Todas,
desde aquella que entona sus cantares
en la verde arboleda,
hasta el petrel que sin temores rueda
sobre el lomo encrespado de los mares,
del huracán bajo la cruda saña,
sujétanse a mi inmenso poderío;
mi trono es la montaña
y mi reino el vacío.

Yo soy emblema del valor. ¿Quién puede
intimidarme alguna vez? ¿Qué obstáculo
ante mi vuelo triunfador no cede?
¡Nadie mi voluntad sujeta!
¡El hombre, ese verdugo,
que dice ser el dueño del planeta,
no me ha impuesto su yugo!
¿Qué leyes obedezco? ¿Qué ominoso
poder mis fieros ímpetus dirige?
En la tierra y el mar, ¿quién más pujante?
¡Ni el que los orbes inflamados rige
con su cetro gigante
puede causar el águila un desmayo!
No puede ni Dios mismo...

Calló el ave blasfema...
En ese instante
un indignado y repentino rayo,
hecha cadáver la arrojó al abismo

en espantosa rotación. ¡El trueno,
de pavorosas amenazas lleno,
bramó desde el confín del horizonte
y un negro nubarrón que descendía
una lágrima fría que descendía,
vertió sabre la cúspide del monte!

ANAGKÉ por RUBÉN DARÍO

Y dijo la paloma:
Yo soy feliz. Bajo el inmenso cielo,
En el árbol en flor, junto a la poma
Llena de miel, junto al retoño suave
Y húmedo por las gotas de rocío,
Tengo mi hogar. Y vuelo
Con mis anhelos de ave,
Del amado árbol mío
Hasta el bosque lejano,
Cuando, al himno jocundo
Del despertar de Oriente,
Sale el alba desnuda y muestra al mundo
El pudor de la luz sobre su frente.
Mi ala es blanca y sedosa;
La luz la dora y baña
Y céfiro la peina.
Son mis pies como pétalos de rosa.
Yo soy la dulca reina
Que arrulla a su palomo en la montaña.
En el fondo del bosque pintoresco
Está el alerce en que formé mi nido;
Y tengo allí, bajo el follaje fresco
Un polluelo sin par, recién nacido.

Soy la promesa alada,
El juramento vivo;
Soy quien lleva el recuerdo de la amada
Para el enamorado pensativo;
Yo soy la mensajera
De los tristes y ardientes soñadores,
Que va a revolotear diciendo amores
Junto a una perfumada cabellera.
Soy el lirio del viento.
Bajo el azul del hondo firmamento

Muestro de mi tesoro bello y rico
Las preseas y galas;
El arrullo en el pico,
La caricia en las alas.
Yo despierto a los pájaros parleros
Y entonan sus melódicos cantares;
Me poso en los floridos limoneros
Y derramo una lluvia de azahares.
Yo soy toda inocente, toda pura.
Yo me esponjo en las ansias del deseo,
Y me estremezco en la íntima ternura
De un roce, de un rumor, de un aleteo.

¡Oh inmenso azul! Yo te amo. Porque a Flora
Das la lluvia y el sol siempre encendido;
Porque siendo el palacio de la aurora,
También eres el techo de mi nido.
¡Oh inmenso azul! Yo adoro
Tus celajes risueños,
Y esa niebla sutil de polvo de oro
Donde van los perfumes y los sueños.

Amo los velos, tenues, vagarosos,
De las flotantes brumas,
Donde tiendo a los aires cariñosos
El sedeño abanico de mis plumas.
¡Soy feliz! Porque es mía la floresta
Donde el misterio de los nidos se halla;
Porque el alba es mi fiesta
Y el amor mi ejercicio y mi batalla.
Feliz, porque de dulces ansias llena
Calentar mis polluelos es mi orgullo;
Porque en las selvas vírgenes resuena
La música celeste de mi arrullo;
Porque no hay una rosa que no me ame,
Ni pájaro gentil que no me escuche,
Ni garrido cantor que no me llame.
¿Sí? dijo entonces un gavilán infame,
Y con furor se la metió en el buche.

Entonces el buen Dios, allá en su trono
(Mientras Satán, para distraer su encono
Aplaudía a aquel pájaro zahareño)
Se puso a meditar.

Arrugó el ceño,

Y pensó, al recordar sus vastos planes,
Y recorrer sus puntos y sus comas,
Que cuando creó palomas
No debía haber creado gavilanes.

UNA MUERTA por JUAN RAMÓN MOLINA

Poema elegíaco

A la amada memoria de doña Dolores Hinestroza, en el día de difuntos, hoy que, en el glorioso Paraíso, goza de la paz y luz eternas, en la pléyade de los bienaventurados, junto con sus hermanas en el amor y en el dolor. SICUT ERAT IN PRINCIPIO, ET SEMPER, ET IN SCECULA SCECULORUM. AMEN.
MCMV.

Señor: tú la llamaste
y ella voló a tu lado,
dejándome en la tierra.
¿Mi espíritu has mirado?

No es jardín —florecido
de azules ilusiones—
sino que inmunda cueva
de arañas, escorpiones
y víboras. Un pozo,
de horror y de amargura,
en que está con cadena
la trágica locura.

La copa de mi vida,
donde escanciaba mieles,
llena está hasta los bordes
de ponzoñosas hieles,
más álgidas que aquella
bebida ignominiosa,
que recoció tu lengua
en la cruz afrentosa.

No bañaron mis lágrimas
sus gélidos despojos,
porque cegó la angustia
los cauces de mis ojos;

pero —como una vena
por la cuchilla rota—
mi corazón sangraba
sin tregua, gota a gota,

cual tu divina frente,
en el pavor del huerto,
sobre los restos fríos
de todo un mundo muerto.

Mas aquel dolor hondo,
siniestramente mudo,
estranguló mi cuello
con serpentino nudo;

dejó en mi faz adusta
su corrosiva huella;
amontonó una noche
glacial sobre mi estrella;

azuzó mis pasiones
más terribles e insanas,
y pobló mi cabeza
de prematuras canas.

Tú —que de todo miras
el anverso y reverso—
que regulas la máquina
que mueve el universo,
que sabes, omnisciente
y enorme taumaturgo,
por qué el dragón se arrastra,
por qué vuela el simurgo;

por qué el sonido ondula,
por qué la chispa quema,
por qué el retoño nace,
por qué fulge la gema;

por qué se hermanan siempre,
en un igual destino,
la leche con el llanto
y el agua con el vino,

dime: si fue en la tierra
también tu preferida,
¿por qué la flor segaste
de su apacible vida,

dejando que un enjambre
de lívidos gusanos,
hirviera en sus mejillas,
sus senos y sus manos?

Su cabellera undívaga
fue una noche fragante;
su frente, como el arco
de la luna menguante.

Dos iris tenebrosos
fueron sus grandes cejas;
dos albos y odoríferos
jazmines sus orejas.

Sus pestañas, segmentos
del óvalo radiado,
que exorna las imágenes
en el vitral sagrado.

Su mirada, solemne
tristeza vespertina;
sus párpados, dos hostias
de inmaculada harina.

Los orbes de sus ojos
ópalos tornasoles,
como amatistas trémulas
en un fondo de soles.

Su nariz, noble y firme,
como una intención buena;
su mejilla —de cera
mística— luna llena.

Su boca, para mi alma
sedienta de ternura,
un pozo de aguas vivas
de perennal frescura.

Su cuello —que tenía
la candidez del cirio
y del lino litúrgico—
como un excelso lirio.

Sus senos eran como
manzanas odorosas,
cual racimos opimos
de viñas deleitosas.

Sus manos, hechas para
cortar en los jardines
cerúleos rosas áureas
y argentinos jazmines.

En su regazo pudo
reclinar su cabeza
un dios, agonizante
de amor y de tristeza;

y, como el del arcángel
de las anunciaciones,
era su pie de jaspe.
Los buenos corazones

amaban su modestia
y su gentil donaire,
que ungían de perfumes
los átomos del aire.

Bajo los dedos gráciles
de su impecable mano,
hondamente quejábase
el corazón del piano;

y, en la oquedad sonora
de su violín de plata,
oyóse de los silfos
la flébil serenata:

tal fué la dulce virgen
cuando acordó el destino
ponerla —bajo un sauce
doliente— en mi camino.

Era entonces mi espíritu
un manantial exhausto,
más secular que el lóbrego
espíritu de Fausto,

donde trazó sus cálculos
glaciales la experiencia
y cayó la simiente
del árbol de la ciencia,

que cultivan los hombres
con férvidos afanes,
para que lo cosechen
irónicos satanes,

prestos a urdir las redes
de las primeras citas,
donde se rinden siempre
las pobres Margaritas

(Queríanme los impuros
pecados capitales,
y odiábanme las vírgenes
virtudes teologales).

Había explorado todas
las altas latitudes
del pensamiento: leído
biblias y talmudes;

meditado en las muertas
necrópolis sombrías,
de las leyendas magnas
y las filosofías:

investigando ciencias
y oscuras nigromancias,
que esconden de las cosas
y seres las substancias;

consumido, en estudiosos
y locos devaneos,
nervios y sensaciones,
sentidos y deseos,

hasta tener, enfermo
de un incurable hastío,
encima, un cielo mudo,
quimérico y vacío,

y en mi conciencia, a rumbos
ignotos impelida,
horror por la natura
y espanto por la vida.

Pero ella puso en mi alma
el candor primitivo
de las revelaciones
celestes. Un olivo

plantó entre las arcillas
estériles de mi era:
una vid y una espiga,
un laurel y una higuera.

Agua ofreció a mis labios,
marchitos y sedientos;
vertió sobre mis llagas
milagrosos ungüentos;

y ahuyentó de mi paso
con dulces oraciones,
todos los cancerberos
y todos los dragones.

(Más tú, Señor, dijiste
al ángel de su guarda:
ve por ella a la tierra,
hace tiempo que tarda.)

El ángel bajó al punto
del luminoso cielo,
a través de los éteres
pristinos. Plegó el vuelo

junto al fúnebre tálamo
de la estancia sombría,
y al ver su exangüe cuerpo,
su angustiosa agonía,

lloró —con sus dos alas
cubriendo su cabeza—...
¡Era un himno grandioso
la gran naturaleza!

Llenaba los azures,
límpidos y jocundos,
la música solemne
de los enormes mundos,

rodando eternamente.
Los atrevidos montes
empinábanse sobre
los vastos horizontes.

Del fondo de los mares
—dorados por el día
naciente— de las aguas
el diálogo subía.

Los bosques derramaban,
mecidos por los vientos,
el rumor de una orquesta
de acordes instrumentos:

todo era himnos y júbilos,
batir de olas y de alas,
derroche de esplendores,
de pampas y de galas,

de voces y de trinos,
de besos y murmullos,
en piélagos y gotas,
en selvas y capullos,

como si su cadáver,
del más puro alabastro,
tendido no estuviera.
¿Por qué no murió un astro?

Señor: nunca discuto
tu voluntad,
porque eres padre y dueño de cosas,
espíritus y seres:

desde el funesto rayo
que en las nubes se fragua,
hasta los pululantes
infusorios del agua;

desde los leviathanes
de máximas aletas,
hasta los gigantescos
y lúgubres cometas;

desde el numen osado
que explora lo absoluto,
hasta el instinto vago
que germina en el bruto.

Por eso —al ser herido
de aquel dolor supremo—
no apacenté, insensato
las iras del blasfemo

sino que —de mi dicha
mirando los escombros—
cargué con ellos sobre
mis fatigados hombros,

pidiendo, por su triste
recuerdo enloquecido,
a cada vaso un poco
de bienhechor olvido;

consuelo, en las lecturas
con llanto y sangre escritas,
y sueño, en el consumo
de pócimas malditas.

De noche, cuando el ábside
del cielo se entenebre,
mis ojos, encendidos
por una lenta fiebre,

a través de un enjambre
lumínico de estrellas,
siguieron por las nébulas
el rumbo de sus huellas,

cual, en los copos sueltos
de una viajera nube,
el vuelo se presiente
de un errante querube,

que escruta —entre sus torres,
murallas y vergeles—
la vida de las viejas
Sodomas y Babeles.

¿En dónde se detuvo
cuando dejó el planeta,
en éxodo sublime
a la celeste meta?

¿En qué mundo de dicha
o en qué luna de duelo,
plegó, por un instante,
el fugitivo vuelo,

cruzando la vorágine
de las inmensidades,
meciéndose a los soplos
de las eternidades,

vestida con su túnica
de luctuosos crespones,
recamada del polvo
de las constelaciones,

trazando centellantes
y rápidos circuitos,
sobre el haz de los vastos
y mudos infinitos,

mientras la horrible tierra
confusamente huía,
en el lúgubre vértigo
de la noche sombría?

Cuando llegar la vieron
los celestiales coros,
los ángeles chocaron
sus escudos sonoros.

El escuadrón de rubios
y ardientes serafines,
tocó una alegre diana
en sus luengos clarines.

Fue a su encuentro la tropa
de las dominaciones,
con espadas de fuego
y auríferos pendones.
Ahora vive en el reino
de la inmutable calma;
en su derecha luce
la milagrosa palma

de los martirologios.
Fulgura eternamente
una estrella bendita
sobre tu casta frente;

y apoya, en una nube
de polvo diamantino,
su planta, en el extático
ejército divino.

¡Señor! ¡Señor! ¿acaso
la miraré algún día,
en el triunfo de alguna
celeste epifanía?

¿Iré, purificado,
a postrarme de hinojos,
ante el amor mirífico
que emana de sus ojos,

y juntos giraremos,
unánimes como alas,
en órbitas de espíritus,
de escalas en escalas,

hasta ser absorbidos
en la divina hoguera
del Espíritu Santo?
Ansiosamente espera

mi corazón, que llegue
ese glorioso instante
en el eterno círculo
del inmortal cuadrante!

EL POETA PREGUNTA POR STELLA por RUBÉN DARÍO

Lirio divino, lirio de las Anunciaciones;
lirio, florido príncipe,
hermano perfumado de las estrellas castas,
joya de los abriles.

A ti las blancas dianas de los parques ducales,
los cuellos de los cisnes,
las místicas estrofas de cánticos celestes
y en el sagrado empíreo la mano de las vírgenes.

Lirio, boca de nieve donde sus dulces labios
la primavera imprime,
en tus venas no corre, la sangre de las rosas pecadoras,
sino el lícor excelso de las flores insignes.

Lirio real y lírico
que naces con la albura de las hostias sublimes
de las cándidas perlas
y del lino sin mácula de las sobrepellices,
¿has visto acaso el vuelo del alma de mi Stella,
la hermana de Ligeia, por quien mi canto a veces es tan triste?

SALUTACIÓN A LOS POETAS BRASILEROS por JUAN RAMÓN MOLINA

Para Fabio Luz y Elysio de Carvalho

Con una gran fanfarria de roncos olifantes,
con versos que imitasen un trote de elefantes
en una vasta selva de la India ecuatorial,
quisiera saludaros —hermanos en el duelo—
en las exploraciones por la tierra y el cielo,
en el martirologio de los circos del mal.

¡Mi Pegaso conoce los azules espacios.
Su cola es un cometa, sus ojos son topacios,
el rubio Apolo y Marte cabalgarían en él:
relinchará en los céspedes de vuestro bosque umbrío,
se abrevará en las aguas de vuestro sacro río
y dormirá a la sombra de vuestro gran laurel!

Venir pude en la concha de Venus Citerea,
sobre el áspero lomo del León de Nemea,
en el ave de Júpiter o en un fiero dragón;
en la camella blanca de una reina de Oriente,
en el cuerpo ondulante de una alada serpiente,
a bordo de la lírica galera de Jasón.

O en la fornida espalda de un genio misterioso,
o envuelto en la vorágine de un viento proceloso,
o de una negra nube en el glacial capuz;
en la marea argentina de una luna de mayo,
asido del relámpago flamígero de un rayo
o con los duendes gárrulos que juegan en la luz.

Mas en Pegaso vine desde remotos climas,
—señor, príncipe, rey o emperador de rimas—
sobre el confuso trueno del piélago febril:

¡Salve al coro de Anfiones de estas tierras fragantes!
¡A todos los Orfeos del país de los diamantes!
¡A todos los que pulsan su lira en el Brasil!

Tal digo, hermanos míos en la prosapia ibérica.
Saludemos la gloria futura de la América.
que todas las espigas se junten en un haz.
¡Unamos nuestras liras y nuestros corazones,
que ha llegado el crepúsculo de las anunciaciones,
para que baje el ángel de la celeste paz!

Augurio de ese día se ve en el horizonte.
Hoy tres aves volaron desde un florido monte;
yo las miré perderse en el naciente albor:
un cóndor —que es el símbolo de la fuerza bravía—
un búho —que es el símbolo de la sabiduría —
y una paloma cándida —símbolo del amor.

Dijo el cóndor, gritando: la unión da la victoria,
el búho, en un silbido: el saber da la gloria,
la paloma, en su arrullo: el amor da la fe.
Yo —que escruto el enigma de nuestro gran destino—
ante el casual augurio del cielo matutino,
siguiendo a los tres pájaros en éxtasis quedé.

Pero Pegaso aguarda. Sobre su fuerte lomo
gallardamente salto en un instante, como
el Cid sobre Babieca. Me voy hacia el azur.
¿Acaso os interesa mi suerte misteriosa?
¡Buscadme en mi magnifico palacio de la Osa
o en mi torre de oro, junto a la Cruz del Sur!

SALUTACIÓN DEL OPTIMISTA por Rubén Darío

Ínclitas razas ubérrimas, sangre de Hispania fecunda,
espíritus fraternos, luminosas almas, ¡salve!
Porque llega el momento en que habrán de cantar nuevos himnos
lenguas de gloria. Un vasto rumor llena los ámbitos;
mágicas ondas de vida van renaciendo de pronto;
retrocede el olvido, retrocede engañada la muerte;
se anuncia un reino nuevo, feliz sibila sueña
y en la caja pandórica de que tantas desgracias surgieron
encontramos de súbito, talismática, pura, riente,
cual pudiera decirla en su verso Virgilio divino,
la divina reina de luz, ¡la celeste Esperanza!

Pálidas indolencias, desconfianzas fatales que a tumba
o a perpetuo presidio, condenasteis al noble entusiasmo,
ya veréis el salir del sol en un triunfo de liras,
mientras dos continentes, abonados de huesos gloriosos,
del Hércules antiguo la gran sombra soberbia evocando,
digan al orbe: la alta virtud resucita,
que a la hispana progenie hizo dueña de los siglos.

Abominad la boca que predice desgracias eternas,
abominad los ojos que ven sólo zodiacos funestos,
abominad las manos que apedrean las ruinas ilustres,
o que la tea empuñan o la daga suicida.
Siéntense sordos ímpetus en las entrañas del mundo,
la inminencia de algo fatal hoy conmueve la Tierra;
fuertes colosos caen, se desbandan bicéfalas águilas,
y algo se inicia como vasto social cataclismo
sobre la faz del orbe. ¿Quién dirá que las savias dormidas
no despierten entonces en el tronco del roble gigante
bajo el cual se exprimió la ubre de la loba romana?
¿Quién será el pusilánime que al vigor español niegue músculos
y que al alma española juzgase áptera y ciega y tullida?
No es Babilonia ni Nínive enterrada en olvido y en polvo,
ni entre momias y piedras que habita el sepulcro,
la nación generosa, coronada de orgullo inmarchito,
que hacia el lado del alba fija las miradas ansiosas,

ni la que tras los mares en que yace sepulta la Atlántida,
tiene su coro de vástagos, altos, robustos y fuertes.

Únanse, brillen, secúndense, tantos vigores dispersos;
formen todos un solo haz de energía ecuménica.
Sangre de Hispania fecunda, sólidas, ínclitas razas,
muestren los dones pretéritos que fueron antaño su triunfo.
Vuelva el antiguo entusiasmo, vuelva el espíritu ardiente
que regará lenguas de fuego en esa epifanía.
Juntas las testas ancianas ceñidas de líricos lauros
y las cabezas jóvenes que la alta Minerva decora,
así los manes heroicos de los primitivos abuelos,
de los egregios padres que abrieron el surco prístino,
sientan los soplos agrarios de primaverales retornos
y el rumor de espigas que inició la labor triptolémica.

Un continente y otro renovando las viejas prosapias,
en espíritu unidos, en espíritu y ansias y lengua,
ven llegar el momento en que habrán de cantar nuevos himnos.

La latina estirpe verá la gran alba futura,
en un trueno de música gloriosa, millones de labios
saludarán la espléndida luz que vendrá del Oriente,
Oriente augusto en donde todo lo cambia y renueva
la eternidad de Dios, la actividad infinita.
Y así sea Esperanza la visión permanente en nosotros,
¡Ínclitas razas ubérrimas, sangre de Hispania fecunda!

AUTOBIOGRAFÍA por RUBÉN DARÍO

Nací en el fondo azul de las montañas
hondureñas. Detesto las ciudades,
y más me gusta un grupo de cabañas
perdido en las remotas soledades.

Soy un salvaje, huraño y silencioso
a quien la urbana disciplina enerva,
y vivo —como el león y como el oso
prisionero— soñando en la caverna.

Fue mi niñez como un jardín risueño,
donde —a los goces de mi edad esquivo—
presa ya de la fiebre del ensueño,
vagué dolientemente pensativo.

sordo a la clamorosa gritería
de muchos compañeros olvidados,
que fue segando sin piedad la fría
hoz implacable de los negros hados.

¡Todos cayeron en la fosa oscura!
Fue para ellos la vida un triste dolo,
y —el corazón preñado de amargura—
me vi de pronto inmensamente solo.

¿Qué se hizo aquel cuya gentil cabeza
era de sol? ¿El jovencito hercúleo
que burlara en la lucha mi destreza?
¿El dulce efebo de mirar cerúleo?

¿El que bajaba el más lejano nido?
¿El más alegre y mentiroso? ¿El zafio?
¡Para los tristes escribió el olvido,
en el nómade viento, un epitafio...!

¡Hada buena la muerte fue para ellos!
No conocieron el dolor. La adusta
vejez no echó ceniza en sus cabellos
ni doblegó su juventud robusta!

Desde mi infancia fui meditabundo,
triste de muerte. La melancolía
fue mi mejor querida en este mundo
pequeño, y sigue siendo todavía.

Sentí en el alma un natural deseo
de cantar. A la orilla del camino,
hallé una lira —no cual la de Orfeo—
y obedezco el mandato del destino,

tan ciegamente, que mañana —cuando,
tránsfuga de la vida, me deserte—
quizás celebre madrigalizando
mis tristes desposorios con la muerte.

No he sido un hombre bueno. Ni tampoco
malo. Hay en mí una dualidad extraña:
tengo mucho de cuerdo, algo de loco,
mucho de abismo y algo de montaña.

Para unos soy monstruosamente vano;
para otros muy humilde y muy sincero:
al viejo Job le hubiera dicho —Hermano:
dame tus llagas y tu estercolero.

Una existencia asaz contradictoria
de placer y dolor, de odio y de arrullo,
ha agitado mi ser: tal es la historia
de mi sinceridad y de mi orgullo.

Goces mortales y terribles duelos,
toda ventura y toda desventura,
exploraciones por remotos cielos,
enorme hacinamiento de lectura;

despilfarro de vida sensitiva,
abuso de nepentes; los cilicios
mentales; l´alma como carne viva,
la posesión de prematuros vicios;

las miserias del medio; ansias de gloria
que llega tarde; estar organizado
para la lucha y para la victoria,
y ser, a pesar de eso, un fracasado.

¡Todo conspira a hacer horriblemente
triste al que asciende las mentales cumbres
y a que cruce —con rostro indiferente
o huraño— entre las vanas muchedumbres!

¡Ah, mi primera juventud! La cierta,
la única juventud, la que es divina!
"Lejos quedó la pobre loba, muerta"
asesinada por mi jabalina.

Al mirarme al espejo ¡cuán cambiado
estoy! No me conozco ni yo mismo;
tengo en los ojos, de mirar cansado,
algo de miedo del que ve un abismo.

Tengo en la frente la indecible huella
de aquel que ha visto, con la fe perdida,
palidecer y declinar su estrella
en los arcanos cielos de la vida.

Tengo en los labios tímidos —en esos
labios que fueron una rosa pura—
la señal dolorosa de mil besos
dados y recibidos con locura

en dulce cita o en innoble orgia
cuando, al empuje de ímpetus fatales,
busqué siempre la honrosa compañía
de los siete pecados capitales;

y era mi juventud, en su desgaire,
como un corcel de planta vencedora,
que se lanzaba a devorar el aire,
relinchando de júbilo a la aurora.

Tengo en todo mi ser, donde me obliga
algo a callar mi doloroso grito,
una inmensa fatiga: la fatiga
del peso abrumador del infinito.

La gran angustia, el espantoso duelo,
de haber nacido, por destino arcano,
para volar sin tregua en todo
y recorrer sin rumbo todo océano.

Para sufrir el mal eternamente
del ensueño; y así, meditabundo,
vivir con las pupilas fijamente
clavadas en el corazón del mundo;

en el misterio del amor sublime,
en la oculta tristeza de las cosas,
en todo lo que calla o lo que gime,
en los hombres, las bestias y las rosas;

y dar a los demás mi risa o llanto
la misma sangre de mis venas, todo,
en la copa mirifica del canto,
hecha de gemas, de marfil o lodo;

y no dejar para mis labios nada;
y vivir, con el pecho dolorido,
para ver que, al final de la jornada,
mi sepultura cavará el olvido.

Hoy, que llegué a la cumbre de los años,
ante la ruta que a mis pies se extiende,
pongo los ojos, de terror, huraños;
mas exclama una voz: ¡sigue y asciende!

Mas ¿para qué, Señor? ¡Estoy enfermo!
¡Me consume el demonio del hastío!
¡Toda la tierra para mí es un yermo
donde me muero de cansancio y frío!

He abrevado mis ansias de sapiencia
en toda fuente venenosa o pura,
en los amargos pozos de la ciencia
y en el raudal de la literatura.

YO SOY AQUEL por RUBÉN DARÍO

Yo soy aquel que ayer no más decía
el verso azul y la canción profana,
en cuya noche un ruiseñor había
que era alondra de luz por la mañana.

El dueño fui de mi jardín de sueño,
lleno de rosas y de cisnes vagos;
el dueño de las tórtolas, el dueño
de góndolas y liras en los lagos;

y muy siglo diez y ocho y muy antiguo
y muy moderno; audaz, cosmopolita;
con Hugo fuerte y con Verlaine ambiguo,
y una sed de ilusiones infinita.

Yo supe del dolor desde mi infancia,
mi Juventud… ¿fue juventud la mía?
Sus rosas aún me dejan su fragancia,
una fragancia de melancolía…

Potro sin freno se lanzó mi instinto,
mi juventud montó potro sin freno;
iba embriagada y con puñal al cinto;
si no cayó, fue porque Dios es bueno.

En mi jardín se vio una estatua bella;
se juzgó mármol y era carne viva;
un alma joven habitaba en ella,
sentimental, sensible, sensitiva.

Y tímida ante el mundo, de manera
que encerrada en silencio no salía,
sino cuando en la dulce primavera
era la hora de la melodía…

Hora de ocaso y de discreto beso;
hora crepuscular y de retiro;
hora de madrigal y de embeleso,
de «te adoro», de «¡ay!» y de suspiro.

Y entonces era en la dulzaina un juego
de misteriosas gamas cristalinas,
un renovar de notas del Pan griego
y un desgranar de músicas latinas,

con aire tal y con ardor tan vivo,
que a la estatua nacían de repente
en el muslo viril patas de chivo
y dos cuernos de sátiro en la frente.

Como la Galatea gongorina
me encantó la marquesa verleniana,
y así juntaba a la pasión divina
una sensual hiperestesia humana;

todo ansia, todo ardor, sensación pura
y vigor natural; y sin falsía,
y sin comedia y sin literatura…
si hay un alma sincera, esa es la mía.

La torre de marfil tentó mi anhelo;
quise encerrarme dentro de mí mismo,
y tuve hambre de espacio y sed de cielo
desde las sombras de mi propio abismo.

Como la esponja que la sal satura
en el jugo del mar, fue el dulce y tierno
corazón mío, henchido de amargura
por el mundo, la carne y el infierno.

Mas, por gracia de Dios, en mi conciencia
el Bien supo elegir la mejor parte;

y si hubo áspera hiel en mi existencia,
melificó toda acritud el Arte.

Mi intelecto libré de pensar bajo,
bañó el agua castalia el alma mía,
peregrinó mi corazón y trajo
de la sagrada selva la armonía.

¡Oh, la selva sagrada! ¡Oh, la profunda
emanación del corazón divino
de la sagrada selva! ¡Oh, la fecunda
fuente cuya virtud vence al destino!

Bosque ideal que lo real complica,
allí el cuerpo arde y vive y Psiquis vuela;
mientras abajo el sátiro fornica,
ebria de azul deslíe Filomela.

Perla de ensueño y música amorosa
en la cúpula en flor del laurel verde,
Hipsipila sutil liba en la rosa,
y la boca del fauno el pezón muerde.

Allí va el dios en celo tras la hembra,
y la caña de Pan se alza del lodo;
la eterna Vida sus semillas siembra,
y brota la armonía del gran Todo.

El alma que entra allí debe ir desnuda,
temblando de deseo y de fiebre santa,
sobre cardo heridor y espina aguda:
así sueña, así vibra y así canta.

Vida, luz y verdad, tal triple llama
produce la interior llama infinita;
El Arte puro como Cristo exclama:
Ego sum lux et veritas et vita!

Y la vida es misterio; la luz ciega
y la verdad inaccesible asombra;
la adusta perfección jamás se entrega,
Y el secreto Ideal duerme en la sombra.

Por eso ser sincero es ser potente.
De desnuda que está, brilla la estrella;
el agua dice el alma de la fuente
en la voz de cristal que fluye d'ella.

Tal fue mi intento, hacer del alma pura
mía, una estrella, una fuente sonora,
con el horror de la literatura
y loco de crepúsculo y de aurora.

Del crepúsculo azul que da la pauta
que los celestes éxtasis inspira,
bruma y tono menor —¡toda la flauta!,
y Aurora, hija del Sol —¡toda la ira!

Pasó una piedra que lanzó una honda;
pasó una flecha que aguzó un violento.
La piedra de la honda fue a la onda,
y la flecha del odio fuese al viento.

La virtud está en ser tranquilo y fuerte;
con el fuego interior todo se abrasa;
se triunfa del rencor y de la muerte,
y hacia Belén… ¡la caravana pasa!

ADIÓS A HONDURAS por JUAN RAMÓN MOLINA

(Vapor COSTA RICA, 1892)

Adieu patrie!
L'onde est en furie.
Adieu patrie!
Azur! (Hugo—Les Châtiments.)

Voy a partir: ¡adiós! La frágil nave,
deslizándose suave
lanza a los cielos su estridente grito;
y el humo ennegrecido que respira,
en colosal espira,
asciende a la región de lo infinito.

Las alas de oro, lánguida y cobarde
pliega la mustia tarde
en la insondable cuenca del vacío,
como águila cansada que al fin toca
su nido en la alta roca
y se recoge, trémula de frío.

Quebrándose en el vidrio de los mares,
los destellos solares
las espumas blanquísimas inflaman;
y como hambrientas e irritadas fieras
—mordiendo las riberas—
las bravas ondas estallando braman.

El viejo sol, que su esplendor difunde
desde el ocaso, se hunde
con un nimbo de vivas aureolas;
el alción fatigado el ala cierra,
y se aduerme la tierra
al sollozar de las hinchadas olas.

¿Por qué, por qué con la mirada incierta
sigo, desde cubierta,
la dirección del puerto de Amapala,
si el vapor, con seguro movimiento,
sobre el blando elemento
en busca de otras playas se resbala?

¡Oh, tarde melancólica! ¡Oh, astro
que luminoso rastro
dejando sobre el mar, en él te hundiste!
¡Oh, vagabundas nubes! ¡Oh, rumores:
afanes punzadores
llevo en el alma, dolorida y triste!

No es el amor el que a sufrir me obliga
y el corazón me hostiga
al despedirme de mi tierra ruda;
ni la ciega ambición desenfrenada
que a la mente exaltada
cual venenosa víbora se anuda.

Es un oculto y hondo sufrimiento,
algo como un lamento,
el recuerdo de lúgubres escenas,
el horrible chocar de los cuchillos,
el roce de los grillos
y el siniestro rumor de las cadenas.

¡Qué triste es ver que el cóndor de la cumbre
al foco de la lumbre
vivífica del sol el ala tienda,
y de repente, al mutilarlo un rayo,
en tremendo desmayo
en espantosa rotación descienda!

Como ese cóndor del crestón bravío
el noble pueblo mío
movió a la libertad las grandes alas,
y al remontarse a coronar su anhelo

un audaz tiranuelo
se las ha cercenado con las balas.

Así cual de la flor, rica en esencia,
manchan con su excrecencia,
el purísimo cáliz los insectos,
han deshonrado el hondureño solio
—con torpe monopolio—
mandatarios estúpidos y abyectos.

¡Oh, pobre patria! El que de veras te ame,
en indolencia infame
no mirará el ridículo sainete,
sin que encamine, trágico y austero,
el paso al extranjero o a los histriones con las armas rete.

Por eso en tus fronteras montañosas
sobre olvidadas fosas
que baña el sol con sus ardientes luces,
contempla el caminante, entre zarzales
y abruptos peñascales,
alzarse al cielo solitarias cruces.

Yacen allí, tras las batallas cruentas,
las torvas osamentas
de tus hijos más dignos y valientes,
y que rodaron, en su rabia loca,
de una roca a otra roca
el cartucho mordiendo entre los dientes.

¡Ay! A pesar del largo despotismo
que te empuja al abismo,
a la nostalgia sin hallar remedio,
mares cruzando y anchos horizontes,
tornamos a tus montes
porque nos mata un incurable tedio.

Vi humillada en el polvo la bandera,
extinguida la hoguera

del patriotismo, alzados los protervos,
hundido el pueblo en vergonzosas cuitas,
las águilas proscritas
por una banda de voraces cuervos.

Vi… ¿Mas pudiera el pensamiento mío
describir el sombrío
lúgubre cuadro de baldón y mengua
que me llenara de indecible espanto?
¡Vigor falta a mi canto
y siniestros vocablos a mi lengua!

Cuando enaltece al déspota triunfante
la poesía vibrante,
es triste objeto de irrisión y mofa.
¡Para el infame que a su pueblo abruma
con el terror, la pluma
puñal se vuelva, y bofetón la estrofa!

Los que sufrís en ocio envilecido
sin lanzar un rugido
el látigo ominoso del verdugo,
¿por qué lloráis? ¡Bien merecéis, menguados,
ser vosotros atados
como los bueyes al innoble yugo!

Pero ¡qué exclamo! Perdonadme, amigos,
que impasibles testigos
no fuisteis nunca de la patria ruina,
porque habéis muerto con valor sereno,
coméis un pan ajeno
o sufrís en hedionda bartolina.

Perdonadme también los que entre crueles
burlas, en los cuarteles,
atados de los pies y de los brazos,
con fieros palos y con golpes rudos
de los cuerpos desnudos
la carne os arrancaron a pedazos.

¡Y tú también perdóname, oh robusta
juventud, que a la justa
ira cediendo, entre el común asombro,
llevaste a cabo insólitas hazañas
luchando en las montañas
muerta de hambre y el fusil al hombro!
De la ciudad al triste caserío
despertó al fin el brío,
a tu voz, de los hijos de mi tierra;
y en sus bases graníticas sentados
los montes enriscados
tu ronco grito repitieron: ¡guerra!

¿Por qué fue en balde el temerario arrojo
con que en sublime enojo
el pecho diste a la mortal metralla?
¡Ahora que triste la mirada giro
en derredor, te miro
sin sepulcro en los campos de batalla!

¿Qué fue de aquellos que estreché las manos,
que quise como hermanos
en otros tiempos y mejores días?
¿Dónde están? ¿Cuántos son? ¿Por qué se vedan?
¡Ay! De ellos sólo quedan
ilustres sombras y osamentas frías!

¡Todos murieron en la lucha fiera
al pie de su trinchera,
víctimas nobles de un brutal encono;
y hoy en Honduras, cometiendo excesos,
alza, sobre sus huesos,
un despotismo asolador su trono!

A los malvados que a su pueblo oprimen
con el crimen, el crimen
ha de poner a sus infamias coto,
o volarán, odiados y vencidos,
del solio, conmovidos

por un social y breve terremoto.
Vendrá la redención... Me voy en tanto.
La noche tendió el manto
por la callada inmensidad del cielo,
y cual del sol enamorada viuda
melancólica y muda
vierte la luna un resplandor de duelo.

La fresca brisa con su beso alivia
mi frente que arde, y tibia
aspiro una ola lánguida de aromas.
¡Efluvio de mis rústicos alcores!
¡Hálito de mis flores!
¡Emanaciones de mis verdes lomas!

Queda la Isla del Tigre tras la quilla
del vapor; el mar brilla
salpicado de espumas luminosas,
que se encadenan y que forman luego
mil culebras de fuego
sobre las negras aguas temblorosas.

A ROOSEVELT por RUBÉN DARÍO

¡Es con voz de la Biblia, o verso de Walt Whitman,
que habría que llegar hasta ti, Cazador!
Primitivo y moderno, sencillo y complicado,
con un algo de Washington y cuatro de Nemrod.
Eres los Estados Unidos,
eres el futuro invasor
de la América ingenua que tiene sangre indígena,
que aún reza a Jesucristo y aún habla en español.

Eres soberbio y fuerte ejemplar de tu raza;
eres culto, eres hábil; te opones a Tolstoy.
Y domando caballos, o asesinando tigres,
eres un Alejandro—Nabucodonosor.
(Eres un profesor de energía,
como dicen los locos de hoy.)
Crees que la vida es incendio,
que el progreso es erupción;
en donde pones la bala
el porvenir pones.
No.

Los Estados Unidos son potentes y grandes.
Cuando ellos se estremecen hay un hondo temblor
que pasa por las vértebras enormes de los Andes.
Si clamáis, se oye como el rugir del león.
Ya Hugo a Grant le dijo: «Las estrellas son vuestras».
(Apenas brilla, alzándose, el argentino sol
y la estrella chilena se levanta...) Sois ricos.
Juntáis al culto de Hércules el culto de Mammón;
y alumbrando el camino de la fácil conquista,
la Libertad levanta su antorcha en Nueva York.

Mas la América nuestra, que tenía poetas
desde los viejos tiempos de Netzahualcoyotl,

que ha guardado las huellas de los pies del gran Baco,
que el alfabeto pánico en un tiempo aprendió;
que consultó los astros, que conoció la Atlántida,
cuyo nombre nos llega resonando en Platón,
que desde los remotos momentos de su vida
vive de luz, de fuego, de perfume, de amor,
la América del gran Moctezuma, del Inca,
la América fragante de Cristóbal Colón,
la América católica, la América española,
la América en que dijo el noble Guatemoc:
«Yo no estoy en un lecho de rosas»; esa América
que tiembla de huracanes y que vive de Amor,
hombres de ojos sajones y alma bárbara, vive.
Y sueña. Y ama, y vibra; y es la hija del Sol.
Tened cuidado. ¡Vive la América española!
Hay mil cachorros sueltos del León Español.
Se necesitaría, Roosevelt, ser Dios mismo,
el Riflero terrible y el fuerte Cazador,
para poder tenernos en vuestras férreas garras.

Y, pues contáis con todo, falta una cosa: ¡Dios!

LOS CUATRO BUEYES por JUAN RAMÓN MOLINA

Junto al Parque de Bolívar
se ven cuatro bueyes, cuatro
animales melancólicos,
lamentablemente flacos,

uncidos a dos carretas
grandes, con cajas y fardos,
y con las patas hundidas,
inmóviles, en un charco.

El parque está triste y solo,
muy triste y muy solo, tanto
que semeja una necrópolis
cerrada hace muchos años.

¿Entre los árboles húmedos,
parece que están llorando,
no son nichos los asientos
de piedra, los duros bancos?

Viene un olor de cipreses,
un perfume funerario,
del húmedo Parque viene
un algo de tumba, un algo

de muerto, de los follajes
de ese jardín solitario,
en esta tarde de duelo,
en esta tarde de llanto,

que envuelve en un gran suspiro
a los pobres bueyes flacos,
y al melancólico Parque

que parece un camposanto.
Pasa un transeúnte de prisa
de su paraguas debajo,
y un rapaz —travieso y loco —
también pasa, a grandes saltos;

y una mujer miserable
que regresa del mercado,
y un cartero; y una joven
con un chal azul y blanco,

y una linda señorita,
toda gracia y todo garbo
con música en los tacones
y sonrisas en los labios,

y en los ojos alegría
y un ramillete en las manos.
Mas nadie vuelve los ojos
compasivos a los cuatro
miseros bueyes, que yacen
inmóviles sobre el charco,
uncidos a sus carretas,
llenas de cajas y fardos,
con las pupilas extáticas
en el áspero empedrado,
que han recorrido mil veces
en su doliente calvario,

bajo la lluvia y el viento,
y el grito y el arponazo
de un hombre que tiene menos
alma que sus bueyes flacos,

borrosos en el crepúsculo
que va cayendo de lo alto.
Sueñan los bueyes. La lluvia
moja sus lomos cansados,

y sus testuces que oprime
el yugo, y sus cuernos altos,
y sus orejas que saben
del aguijón de los tábanos.
Sueñan los bueyes. Sus ojos
se reflejan en el charco,
llenos de dulzura, con
las visiones de los campos,
verdes y tibios, a la hora
sugestiva del ocaso,
en que un matiz de violeta
tiñe los bosques y prados,

y los senderos de hojas
y los arroyos y pastos,
y el corral, en donde mugen
con un tono dulce y blando,

llenos los ojos profundos
de toda la paz del campo.
Y, en esta tarde lluviosa,
fijos en el empedrado,

sienten un odio implacable
por su vida de trabajo;
por la ciudad, con sus casas,
llenas de bultos y fardos,

con su rumor de tranvías,
con sus postes telegráficos,
con su trajín y su bulla,
y su mentira y su escándalo.

y el estruendo de sus trenes,
y sus coches charolados,
que no valen lo que vale
la placidez de los campos,

el monólogo del río,
la dulce flauta del pájaro,
el limpio azul de los cielos
y la libertad del prado.

Hermano soy en la pena
miseros bueyes, hermano
de vosotros. Tengo el alma
triste de muerte. Soñando

muero. Soñar es mi culpa
de la vida sobre el charco,
con un existir más dulce,
un mundo más aromático,

Lejos, muy lejos en un
rincón, risueño y arcádico,
donde la naturaleza
dé a mi cerebro descanso,

y me vuelva como un dulce
manantial, alegre y claro,
y mi alma se torne fuerte
y sencilla como el árbol.

Hermano soy en la pena,
míseros bueyes, hermano;
mas es en balde que sueñe
como vosotros. Tirando

siempre estaremos. Vosotros,
de una carreta con fardos,
y yo del orbe sombrío
de mi espíritu fantástico.

ALLÁ LEJOS por RUBÉN DARÍO

Buey que vi en mi niñez echando vaho un día
bajo el nicaragüense sol de encendidos oros,
en la hacienda fecunda, plena de armonía
del trópico; paloma de los bosques sonoros
del viento, de las hachas, de pájaros y toros
salvajes, yo os saludo, pues sois la vida mía.

Pesado buey, tú evocas la dulce madrugada
que llamaba a la ordeña de la vaca lechera,
cuando era mi existencia toda blanca y rosada,
y tú, paloma arrulladora y montañera,
significas en mi primavera pasada
todo lo que hay en la divina Primavera.

ÚLTIMO ROUND CON JUAN RAMÓN MOLINA

A RUBÉN DARÍO

I

Amo tu clara gloria como si fuera mía,
de Anadiomena engendro y Apolo Musageta,
nacido en una Lesbos de luz y de poesía
donde las nueve musas ungiéronte poeta.

Grecia en los astros de oro tu nombre grabaría;
en ti, el pagano numen renace y se completa;
mas —con los ojos fijos de Jesús en la meta—
gozas el pan y el vino de tu melancolía.

El águila de Esquilo te regaló su pluma,
el pájaro de Poe lo vago de su bruma,
el ave columbina su corazón de miel.

Anacreón sus mirthos, azucenas y rosas,
Ovidio el misterioso secreto de las cosas,
Pitágoras su ritmo y Scopassu cincel.

II

Liróforo de triste mirada penetrante
que al son órfico ajustas la gama de los seres,
que sabes los secretos pristinos del diamante
y conoces el alma sutil de las mujeres.

Délfico augur, hermético y sacro hierofante
que oficias en el culto prolífico de Ceres,
que azuzas de tus metros la tropa galopante
sobre la playa lírica y argéntea de Citeres;

tu grey bala en las églogas del inmortal idilio,
tu pífano melódico fue el que tocó Virgilio
en la mañana antigua, de alondras y de luz;

tu azur es el radioso zatir del mito heleno,
tu trueno wagneriano el olímpico trueno
y tu congoja lúgubre la que gritó en la cruz!

III

Es hora ya que suenen tus líricos clarines
saludando el venir de la futura aurora
de paz. A los cruzados y nobles paladines
que hacen temblar la tierra; es la propicia hora.
Tu lira pon al cuello de la pujante prora,
para que así nos sigan sirenas y delfines;
y que tus versos muestren su espada vengadora
asida por los dedos de airados serafines.
Verbo de anunciaciones de nuestro Continente,
vate proteico, noble, magnífico y vidente,
que tiene de paloma, de abeja y de león;
la gloria te reserva su más ilustre lauro:
humillar la soberbia del rubio minotauro
como el divino Jorge la testa del dragón.

DESPUÉS QUE MUERA

Tal vez moriré joven... Los amigos y
me vestirán de negro,
y entre dolientes y llorosos cirios
de pálidos reflejos,
colocarán con cuidadosas manos
mi ya rígido cuerpo,
poniendo mi cabeza entre la almohada,
mis manos sobre el pecho.

Una lágrima fría, más amarga
que una gota de ajenjo,
correrá de mis párpados inmóviles
mi rostro humedeciendo,
hasta perderse entre mis labios lívidos,
entre mis labios yertos
contraídos por mi última sonrisa,
mi sonrisa de muerto.

En la vecina y bulliciosa estancia
mis amigos bebiendo,
con juvenil franqueza y desenfado
harán de mi recuerdos:
—Fue un soñador. —¡Qué lástima! —¡Tan joven!
—¡Parece mentira esto!
—Ayer no más hablaba con nosotros
de amores y de versos.

Ya colocado entre la estrecha cárcel
del ataúd modesto,
la tapa clavará con su martillo
un rudo carpintero.

Después, los seis amigos que me quieran
con más íntimo afecto,

me llevarán sobre sus fuertes hombros
al triste cementerio.
En una huesa lúgubre y profunda,
en un hoyo siniestro,
colocarán, para arrojarle tierra,
el imponente féretro.
Enterrado seré.... La comitiva,
"descanse en paz", diciendo,
me dejará, me dejará muy solo,
en brazos del misterio.

Los días correrán, y lentamente,
se han de podrir mis miembros,
y he de ser, por la ley de la materia,
un puñado de cieno.
Mas, entre esos despojos miserables,
entre ese lodo infecto,
germinará, ¡oh vida de mi muerte,
mi amor albo y eterno!

No llenará la cuenca de mi cráneo
la masa del cerebro,
para mandarte al mundo donde vivas
dichosa un pensamiento:
ni el corazón palpitará como antes
en mi podrido pecho.
para quererte con amor mundano
de la tumba en el seno.

Pero cada molécula, cada átomo
de mis informes restos,
y cada ser que la existencia deba
a mi ser descompuesto,
ha de llevar en su interior un poco
de este inmortal afecto,
algo que te recuerde entre los vivos
al olvidado muerto.

Verás una sombría mariposa,
en las noches de invierno,
entrar por las ventanas de tu alcoba
a esconderse en tu lecho,
revoloteando allí... Seré yo mismo,
convertido en insecto,
que llegaré del viejo camposanto
a cubrirte de besos.

Y si vaga tu espíritu en los limbos
del éxtasis supremo,
oirás entre las sombras de tu estancia
armonioso aleteo
seráfico rumor... Será mi alma
que, desde el alto cielo,
llega al triste planeta de los hombres
para velar tu sueño.

Después, cuanto tú mueras, una noche
de calma y de silencio,
arrojaré con las huesosas manos
la tierra de mi féretro;
y a la luz de un doliente plenilunio,
contemplarán los muertos,
con los brazos en cruz y de rodillas,
orando un esqueleto!

LA FOSA OLVIDADA

Iba el féretro muy solo
por una calle desierta,
sin que nadie, ni un amigo,
ni un extraño lo siguiera.
—¿Quién es? Ninguno lo sabe,
ni los mismos que lo llevan;
algún oscuro extranjero
que vino de extrañas tierras.

Amigo —le dije—es triste
que así los hombres se mueran,
es nuestro hermano, sigámosle:
la caridad nada cuesta.

El cielo estaba nublado
amenazando tormenta,
y en nuestra ropa caían
algunas gotas dispersas.
Tras el ataúd nos fuimos
callados por la tristeza,
y pronto, del cementerio,
atravesamos la puerta.

En un rincón olvidado
en medio de las malezas
abrieron la sepultura,
echaron la caja negra,
arrojándole de prisa
las paletadas de tierra.

¿Quién descansa en esa fosa
que cubren malignas yerbas?
No tiene una humilde lápida
donde su nombre se lea;

nadie responde quién duerme
allí; ninguno le lleva,
con el semblante contrito,
una guirnalda modesta.

¡Cuántas veces, cuántas veces
voy a la olvidada huesa,
que en el viejo camposanto,
ante mis ojos abrieron,
a meditar largo tiempo
sentándome en una piedra,
en el oscuro extranjero
que vino de extrañas tierras
y que se pudre olvidado
bajo un montón de malezas!

LA CALAVERA DEL LOCO

Le cortaron la cabeza
a un desventurado loco
que de un mal desconocido
se murió en el manicomio,
y arrojáronla al jardín
donde, a la hora del bochorno,
él hablaba con las rosas
y con los claveles rojos,
o con aire de sonámbulo
recitaba sus monólogos.

Cayéronse los cabellos
con los músculos del rostro,
y se comieron las aves
a picotazos los ojos;
coció el sol dentro del cráneo
como si fuera en un horno,
el cerebro, y en gusanos
fatídicos y horrorosos
transformose aquella masa
de células y de fósforo.

Después, cuando el jardinero
del jardín del manicomio
sacudió la calavera
entre sus dedos callosos,
surgieron alborotadas mil mariposas de oro.
Brillaron chispas extrañas
en las cuencas de los ojos
y chocaron, como riéndose,
las mandíbulas del loco.

ÚLTIMO ROUND CON RUBÉN DARÍO

SONATINA

La princesa está triste... ¿Qué tendrá la princesa?
Los suspiros se escapan de su boca de fresa,
que ha perdido la risa, que ha perdido el color.
La princesa está pálida en su silla de oro,
está mudo el teclado de su clave sonoro,
y en un vaso, olvidada, se desmaya una flor.

El jardín puebla el triunfo de los pavos reales.
Parlanchina, la dueña dice cosas banales,
y vestido de rojo piruetea el bufón.
La princesa no ríe, la princesa no siente;
la princesa persigue por el cielo de Oriente
la libélula vaga de una vaga ilusión.

¿Piensa, acaso, en el príncipe de Golconda o de China,
o en el que ha detenido su carroza argentina
para ver de sus ojos la dulzura de luz?
¿O en el rey de las islas de las rosas fragantes,
o en el que es soberano de los claros diamantes,
o en el dueño orgulloso de las perlas de Ormuz?

¡Ay!, la pobre princesa de la boca de rosa
quiere ser golondrina, quiere ser mariposa,
tener alas ligeras, bajo el cielo volar;
ir al sol por la escala luminosa de un rayo,
saludar a los lirios con los versos de mayo
o perderse en el viento sobre el trueno del mar.

Ya no quiere el palacio, ni la rueca de plata,
ni el halcón encantado, ni el bufón escarlata,
ni los cisnes unánimes en el lago de azur.
Y están tristes las flores por la flor de la corte,
los jazmines de Oriente, los nelumbos del Norte,
de Occidente las dalias y las rosas del Sur.

¡Pobrecita princesa de los ojos azules!
Está presa en sus oros, está presa en sus tules,
en la jaula de mármol del palacio real;
el palacio soberbio que vigilan los guardas,
que custodian cien negros con sus cien alabardas,
un lebrel que no duerme y un dragón colosal.

¡Oh, quién fuera hipsipila que dejó la crisálida!
(La princesa está triste. La princesa está pálida.)
¡Oh visión adorada de oro, rosa y marfil!
¡Quién volara a la tierra donde un príncipe existe,
(La princesa está pálida. La princesa está triste.)
más brillante que el alba, más hermoso que abril!

—«Calla, calla, princesa —dice el hada madrina—;
en caballo, con alas, hacia acá se encamina,
en el cinto la espada y en la mano el azor,
el feliz caballero que te adora sin verte,
y que llega de lejos, vencedor de la Muerte,
a encenderte los labios con un beso de amor».

ERA UN AIRE SUAVE

Era un aire suave, de pausados giros;
el hada Harmonía ritmaba sus vuelos;
e iban frases vagas y tenues suspiros
entre los sollozos de los violoncelos.

Sobre la terraza, junto a los ramajes,
diríase un trémolo de liras eolias
cuando acariciaban los sedosos trajes
sobre el tallo erguidas las blancas magnolias.

La marquesa Eulalia risas y desvíos
daba a un tiempo mismo para dos rivales,
el vizconde rubio de los desafíos
y el abate joven de los madrigales.

Cerca, coronado con hojas de viña,
reía en su máscara Término barbudo,
y, como un efebo que fuese una niña,
mostraba una Diana su mármol desnudo.

Y bajo un boscaje del amor palestra,
sobre rico zócalo al modo de Jonia,
con un candelabro prendido en la diestra
volaba el Mercurio de Juan de Bolonia.

La orquesta perlaba sus mágicas notas,
un coro de sones alados se oía;
galantes pavanas, fugaces gavotas
cantaban los dulces violines de Hungría.

Al oír las quejas de sus caballeros
ríe, ríe, ríe la divina Eulalia,
pues son su tesoro las flechas de Eros,
el cinto de Cipria, la rueca de Onfalia.

¡Ay de quien sus mieles y frases recoja!
¡Ay de quien del canto de su amor se fíe!
Con sus ojos lindos y su boca roja,
la divina Eulalia ríe, ríe, ríe.

Tiene azules ojos, es maligna y bella;
cuando mira vierte viva luz extraña:
se asoma a sus húmedas pupilas de estrella
el alma del rubio cristal de Champaña.

Es noche de fiesta, y el baile de trajes
ostenta su gloria de triunfos mundanos.
La divina Eulalia, vestida de encajes,
una flor destroza con sus tersas manos.

El teclado harmónico de su risa fina
a la alegre música de un pájaro iguala,
con los staccati de una bailarina
y las locas fugas de una colegiala.

¡Amoroso pájaro que trinos exhala
bajo el ala a veces ocultando el pico;
que desdenes rudos lanza bajo el ala,
bajo el ala aleve del leve abanico!

Cuando a medianoche sus notas arranque
y en arpegios áureos gima Filomela,
y el ebúrneo cisne, sobre el quieto estanque
como blanca góndola imprima su estela,

la marquesa alegre llegará al boscaje,
boscaje que cubre la amable glorieta,
donde han de estrecharla los brazos de un paje,
que siendo su paje será su poeta.

Al compás de un canto de artista de Italia
que en la brisa errante la orquesta deslíe,
junto a los rivales la divina Eulalia
la divina Eulalia, ríe, ríe, ríe.

¿Fue acaso en el tiempo del rey Luis de Francia,
sol con corte de astros, en campos de azur?
¿Cuando los alcázares llenó de fragancia
la regia y pomposa rosa Pompadour?

¿Fue cuando la bella su falda cogía
con dedos de ninfa, bailando el minué,
y de los compases el ritmo seguía
sobre el tacón rojo, lindo y leve el pie?

¿O cuando pastoras de floridos valles
ornaban con cintas sus albos corderos,
y oían, divinas Tirsis de Versalles,
las declaraciones de sus caballeros?

¿Fue en ese buen tiempo de duques pastores,
de amantes princesas y tiernos galanes,
cuando entre sonrisas y perlas y flores
iban las casacas de los chambelanes?
¿Fue acaso en el Norte o en el Mediodía?
Yo el tiempo y el día y el país ignoro,
pero sé que Eulalia ríe todavía,
¡y es cruel y eterna su risa de oro!

DIVAGACIÓN

¿Vienes? Me llega aquí, pues que suspiras,
un soplo de las mágicas fragancias
que hicieran los delirios de las liras
en las Grecias, las Romas y las Francias.

¡Suspira así! Revuelan las abejas;
al olor de la olímpica ambrosía,
en los perfumes que en el aire dejas;
y el dios de piedra se despierte y ría,

y el dios de piedra se despierte y cante
la gloria de los tirsos florecientes
en el gesto ritual de la bacante
de rojos labios y nevados dientes;

en el gesto ritual que en las hermosas
ninfalias guía a la divina hoguera,
hoguera que hace llamear las rosas
en las manchadas pieles de pantera.

Y pues amas reír, ríe, y la brisa
lleve el son de los líricos cristales
de tu reír, y haga temblar la risa
la barba de los Términos joviales.

Mira hacia el lado del bosque, mira
blanquear el muslo de marfil de Diana,
y después de la Virgen, la Hetaira
diosa, su blanca, rosa, y rubia hermana

pasa en busca de Adonis; sus aromas
deleitan a las rosas y los nardos;
síguela una pareja de palomas
y hay tras ella una fuga de leopardos.

¿Te gusta amar en griego? Yo las fiestas
galantes busco, en donde se recuerde
al suave son de rítmicas orquestas
la tierra de luz y el mirto verde.

(Los abates refieren aventuras
a las rubias marquesas. Soñolientos
filósofos defienden las ternuras
del amor, con sutiles argumentos,

mientras que surge de la verde grama,
en la mano el acanto de Corinto,
una ninfa a quien puso un epigrama
Beaumarchais, sobre el mármol de su plinto.

Amo más que la Grecia de los griegos
la Grecia de la Francia, porque Francia
al eco de las Risas y los Juegos,
su más dulce licor Venus escancia.

Demuestran más encantos y perfidias
coronadas de flores y desnudas,
las diosas de Clodión que las de Fidias.
Unas cantan francés, otras son mudas.

Verlaine es más que Sócrates; y Arsenio
Houssaye supera al viejo Anacreonte.
En París reinan el Amor y el Genio:
ha perdido su imperio el dios bifronte.

Monsieur Prudhomme y Hommais no saben nada.
Hay Chipres, Pafos, Tempes y Amatuntes,
donde al amor de mi madrina, un hada,
tus frescos labios a los míos juntes.)

Sones de bandolín. El rojo vino
conduce un paje rojo. ¿Amas los sones
del bandolín, y un amor florentino?
Será la reina en los decamerones.

(Un coro de poetas y pintores
cuenta historias picantes. Con maligna
sonrisa alegre aprueban los señores.
Clelia enrojece. Una dueña se signa.)

¿O un amor alemán? —que no han sentido
jamás los alemanes—: la celeste
Gretchen; claro de luna; el aria; el nido
del ruiseñor; y en una roca agreste,

la luz de nieve que del cielo llega
y baña a una hermosura que suspira
la queja vaga que a la noche entrega
Loreley en la lengua de la lira.

Y sobre el agua azul el caballero
Lohengrín; y su cisne, cual si fuese
un cincelado témpano viajero,
con su cuello enarcado en forma de S.

Y del divino Enrique Heine un canto,
a la orilla del Rhin; y del divino
Wolfgang la larga cabellera, el manto,
y de la uva teutona el blanco vino.

O amor lleno de sol, amor de España,
amor lleno de púrpura y oros;
amor que da el clavel, la flor extraña
regada con la sangre de los toros;

flor gitana, flor que amor recela,
amor de sangre y luz, pasiones locas;
flor que trasciende a clavo y canela,
roja cual las heridas y las bocas.

¿Los amores exóticos acaso…?
Como rosa de Oriente me fascinas:
me deleitan la seda, el oro, el raso.
Gautier adoraba a las princesas Chinas.

¡Oh bello amor de mil genuflexiones;
torres de kaolín, pies imposibles,
tazas de té, tortugas y dragones,
y verdes arrozales apacibles!

Ámame en Chino, en el sonoro chino
de Li—Tai—Pe. Yo igualaré a los sabios
poetas que interpretan el destino;
madrigalizaré junto a tus labios.

Diré que eres más bella que la luna;
que el tesoro del cielo es menos rico
que el tesoro que vela la importuna
caricia de marfil de tu abanico.

Ámame, japonesa, japonesa
antigua, que no sepa de naciones
occidentales: tal una princesa
con las pupilas llenas de visiones,

que aún ignorase en la sagrada Kioto,
en su labrado camarín de plata
ornado al par de crisantemo y loto,
la civilización de Yamagata.

O con amor hindú que alza sus llamas
en la visión suprema de los mitos,
y hace temblar en misteriosas bramas
la iniciación de los sagrados ritos,

en tanto mueven tigres y panteras
sus hierros, y en los fuertes elefantes
sueñan con ideales bayaderas
los rajahs constelados de brillantes.

O negra, negra como la que canta
en su Jerusalem el rey hermoso,
negra que haga brotar bajo su planta
la rosa y la cicuta del reposo…

Amor, en fin, que todo diga y cante,
amor que encante y deje sorprendida
a la serpiente de ojos de diamante
que está enroscada al árbol de la vida.

Ámame así, fatal, cosmopolita,
universal, inmensa, única, sola
y todas; misteriosa y erudita:
ámame mar y nube, espuma y ola.

Sé mi reina de Saba, mi tesoro;
descansa en mis palacios solitarios.
Duerme. Yo encenderé los incensarios.
Y junto a mi unicornio cuerno de oro,
tendrán rosas y miel tus dromedarios.

MARCHA TRIUNFAL

¡Ya viene el cortejo!
¡Ya viene el cortejo! Ya se oyen los claros clarines,
la espada se anuncia con vivo reflejo;
ya viene, oro y hierro, el cortejo de los paladines.

Ya pasa debajo los arcos ornados de blancas Minervas y Martes,
los arcos triunfales en donde las Famas erigen sus largas
trompetas
la gloria solemne de los estandartes,
llevados por manos robustas de heroicos atletas.
Se escucha el ruido que forman las armas de los caballeros,
los frenos que mascan los fuertes caballos de guerra,
los cascos que hieren la tierra
y los timbaleros,
que el paso acompasan con ritmos marciales.
¡Tal pasan los fieros guerreros
debajo los arcos triunfales!

Los claros clarines de pronto levantan sus sones,
su canto sonoro,
su cálido coro,
que envuelve en su trueno de oro
la augusta soberbia de los pabellones.
Él dice la lucha, la herida venganza,
las ásperas crines,
los rudos penachos, la pica, la lanza,
la sangre que riega de heroicos carmines
la tierra;
de negros mastines
que azuza la muerte, que rige la guerra.

Los áureos sonidos
anuncian el advenimiento
triunfal de la Gloria;

dejando el picacho que guarda sus nidos,
tendiendo sus alas enormes al viento,
los cóndores llegan. ¡Llegó la victoria!

Ya pasa el cortejo.
Señala el abuelo los héroes al niño.
Ved cómo la barba del viejo
los bucles de oro circunda de armiño.
Las bellas mujeres aprestan coronas de flores,
y bajo los pórticos vense sus rostros de rosa;
y la más hermosa
sonríe al más fiero de los vencedores.
¡Honor al que trae cautiva la extraña bandera
honor al herido y honor a los fieles
soldados que muerte encontraron por mano extranjera!

¡Clarines! ¡Laureles!

Los nobles espadas de tiempos gloriosos,
desde sus panoplias saludan las nuevas coronas y lauros
?las viejas espadas de los granaderos, más fuertes que osos,
hermanos de aquellos lanceros que fueron centauros?.
Las trompas guerreras resuenan:
de voces los aires se llenan...

?A aquellas antiguas espadas,
a aquellos ilustres aceros,
que encaman las glorias pasadas...
Y al sol que hoy alumbra las nuevas victorias ganadas,
y al héroe que guía su grupo de jóvenes fieros,
al que ama la insignia del suelo materno,
al que ha desafiado, ceñido el acero y el arma en la mano,
los soles del rojo verano,
las nieves y vientos del gélido invierno,
la noche, la escarcha
y el odio y la muerte, por ser por la patria inmortal,
¡saludan con voces de bronce las trompas de guerra que tocan la
marcha triunfal!...

Y EL GANADOR ES

LA NIÑA DE LA PATATA por JUAN RAMÓN MOLINA

Ahora rememoro aquella gélida mañana otoñal, cuando, puestos los guantes y enfundado en mi gabán neoyorquino, subí uno de los puentes del Graf Waldersée, a ver el espectáculo del cielo y del mar, siempre emocionante y sugestivo. El transatlántico había salido ya del hirviente Canal de la Mancha, metiéndose, a grandes golpes de hélice, en pleno océano, que le acariciaba los costados con sus ventrudas olas plomizas, diademadas de espuma, sobre las que se arremolinaban las gaviotas que chillan angustiosamente en los adioses de Byron. Sobre la febril inquietud marina, de la que emanaba un potente soplo de abismo, el cielo septentrional, de un gris ahumado, parecía estremecerse con el viento venido de la lejana y misteriosa región ártica, donde el frío, en esa hora, cincelaba los bloques de hielo que las corrientes arrastran al túmulo de las olas atlánticas.

Mas, en mi corazón, a pesar del extraño y soberbio panorama, hacía presa la nostalgia de los ardientes y luminosos mares del trópico. Soñaba, con los ojos puestos en las nubes cenicientas y en las aguas pardas, con las verdes bahías brasileras que acababa de recorrer; con el cielo, generoso de luz, que brilla sobre el Mar Canario; con las inmensas y azules soledades del Atlántico ecuatorial, donde los crepúsculos son ardientes orgías de colores; con las tardes y mañanas del Mar Caribe, cuando, recostado a babor o estribor, enhebraba soñares y pensares, anegados mis ojos en aquellos resplandecientes azures, siguiendo el paso de las algas, las uvas del trópico, arrastradas por las tibias aguas de la corriente del Golfo, o la perspectiva de las nubes en el horizonte sin límite, donde, a veces, semejan una tropa de ángeles volando a los altos círculos celestes; otras, arquitecturas de magia y espejismo; otras, rebaños paciendo en campiñas de ensueño o de ilusión, para transformarse luego en monstruos de fábula o de pesadilla: dragones apocalípticos, grifos y quimeras gigantes, pitones alados, toda una fauna, en fin, caótica y estrambótica, que se diluía lentamente en la sombra crepuscular.

Iba, arañado por el frío, a refugiarme en el salón de fumar, cuando, por entre los huecos de las lonas que resguardaban el puente, apareció a mis ojos un espectáculo imprevisto. A proa, entre ruedas y cilindros de hierro, bajo la red de los cables embreados, apretábase un verdadero rebaño: todos los pasajeros de tercera; aldeanos alemanes de barbas incultas; muchachas inglesas, de rostros secos y angulosos; emigrantes de los dos sexos y de todas las regiones europeas del norte; gentes, en fin, amontonadas allí por la fuerza, charlando en varios idiomas, calentándose con la aproximación, envueltas con el humo de las pipas, sufriendo los rigores de aquella cruda mañana, alimentadas como los cerdos, andrajosas y macilentas.

En medio de aquel maremágnum cosmopolita, alegre en su angelical inocencia, toda encendida del frío, muy regordeta, con los ojos que parecían dos lagos azules, con los burdos zapatitos rotos y el traje raído, envuelta la rubia cabecita en una mala manteleta, una preciosa niña, no mayor de tres años, un lindo querubín entre aquella soez hampa, quería comerse una gruesa patata caliente y medio cruda, que acababa de tomar de un cubo próximo. Es probable que cualquiera de los marineros de a bordo le hubiese hecho ascos a aquel manjar; pero la criatura tenía hambre, hambre aguzada por el frío, y se veía su afán de mordisquear el duro tubérculo. Así, con él en las manos, ni los querubines de Murillo son más graciosos que aquella amable y dulce pequeñuela entre aquella muchedumbre trashumante, a bordo de aquel transatlántico que la llevaba hacia las costas de América, inconsciente de su destino, feliz con su grosera patata, bajo el bóreas hostil y sobre los vórtices del océano.

Una gran tristeza invadía mi corazón. ¿Cuál sería el mañana de esa deliciosa criatura? ¿Acaso, convertida en una linda mujer, alegrará con su tentadora juventud los grandes almacenes de New York o Chicago, inclinada sobre los libros de cuentas? ¿O tal vez, hastiada de su monótono trabajo, se resuelva a ser cliente de los cafés cantantes de Broadway, y beba whisky y fume, entre un círculo de calaveras, bajo la cruda luz de los focos eléctricos, al son de la música lasciva de la orquesta? ¿O aguardará, pasada la medianoche, en el quicio de las puertas, trémula de frío, a los que vuelven a sus lejanos hoteles, ofreciéndose a ellos con el impudor de las busconas? ¿O será carne de burdel en esas casas de citas, que trata de disimular el puritanismo angloamericano?

Pero no, angelito de cuatro años, flor de inocencia, inefable pequeñuela. Te has de librar del mundo, del demonio y de la carne, de la astuta alcahueta y del Don Juan corrompido, del criado del hotel y del viejo libidinoso, y has de ser, en un feliz futuro, la esposa de un honrado obrero o de un fuerte agricultor, para que de tu vientre, sano y proficuo, salga una raza de gigantes rubios, que sepan domar máquinas y remover montañas, en esos asombrosos Estados Unidos, recipiente de todos los ríos humanos, almáciga de naciones, crisol de pueblos.

Tal desea este pálido viajero, este taciturno soñador, que, en esta fría mañana otoñal, iluminó su noche interior con tu risueño amanecer, y gozó del perfume de tu infancia, y bebió el rocío de tus azules ojos, y derramó su angustiosa piedad sobre tu cabecita blonda, y te amó, en un fugitivo momento de su vida, bajo el plomizo cielo septentrional, entre la áspera vocinglería de las olas del Atlántico.

EL FARDO por RUBÉN DARÍO

Allá lejos, en la línea, como trazada por un lápiz azul, que separa las aguas y los cielos, se iba hundiendo el sol, con sus polvos de oro y sus torbellinos de chispas purpuradas, como un gran disco de hierro candente. Ya el muelle fiscal iba quedando en quietud; los guardas paseaban de un punto a otro, las gorras metidas hasta las cejas, dando aquí y allá sus vistazos. Inmóvil el enorme brazo de los pescantes, los jornaleros se encaminaban a las casas. El agua murmuraba debajo del muelle, y el húmedo viento salado, que sopla de mar afuera a la hora en que la noche sube, mantenía las lanchas cercanas en un continuo cabeceo.

Todos los lancheros se habían ido ya; solamente el viejo tío Lucas, que por la mañana se estropeara un pie al subir una barrica a un carretón, y que, aunque cojín cojeando, había trabajado todo el día, estaba sentado en una piedra y, con la pipa en la boca, veía triste el mar.

—¡Eh, tío Lucas! ¿Se descansa?

—Sí, pues, patroncito.

Y empezó la charla, esa charla agradable y suelta que me place entablar con los bravos hombres toscos que viven la vida del trabajo fortificante, la que da la buena salud y la fuerza del músculo, y se nutre con el grano del poroto y la sangre hirviente de la viña.

Yo veía con cariño a aquel viejo, y le oía con interés sus relaciones, así todas cortadas, todas como de hombre basto, pero de pecho ingenuo. ¡Ah, conque fue militar! ¡Conque de mozo fue soldado de Bulnes! ¡Conque todavía tuvo resistencias para ir con su rifle hasta Miraflores! Y es casado, y tuvo un hijo y…

Y aquí el tío Lucas:

—¡Sí, patrón, hace dos años que se me murió!

Aquellos ojos chicos y relumbrantes bajo las cejas grises y peludas, se humedecieron entonces.

¿Que cómo se murió? En el oficio, por darnos de comer a todos: a mi mujer, a los chiquitos y a mí, patrón, que entonces me hallaba enfermo.

Y todo me lo refirió al comenzar aquella noche, mientras las olas se cubrían de brumas y la ciudad encendía sus luces; él, en la piedra que le servía de asiento, después de apagar su negra pipa y de colocársela en la oreja, y de estirar y cruzar sus piernas flacas y musculosas, cubiertas por los sucios pantalones arremangados hasta el tobillo.

El muchacho era muy honrado y muy de trabajo. Se quiso ponerlo a la escuela desde grandecito; pero ¡los miserables no deben aprender a leer cuando se llora de hambre en el cuartucho!

El tío Lucas era casado, tenía muchos hijos.

Su mujer llevaba la maldición del vientre de los pobres: la fecundidad. Había, pues, mucha boca abierta que pedía pan, mucho chico sucio que se revolcaba en la basura, mucho cuerpo magro que temblaba de frío; era preciso ir a llevar qué comer, a buscar harapos, y para eso, quedar sin alientos y trabajar como un buey.

Cuando el hijo creció, ayudó al padre. Un vecino, el herrero, quiso enseñarle su industria; pero como entonces era tan débil, casi un armazón de huesos, y en el fuelle tenía que echar el bofe, se puso enfermo y volvió al conventillo. ¡Ah, estuvo muy enfermo! Pero no murió. ¡No murió! Y eso que vivían en uno de esos hacinamientos humanos, entre cuatro paredes destartaladas, viejas, feas, en la callejuela inmunda de las mujeres perdidas, hedionda a todas horas, alumbrada de noche por escasos faroles, y donde resuenan en perpetua llamada a las zambras de echacorvería, las arpas y los acordeones, y en ruido de los marineros que llegan al burdel, desesperados con la castidad de las largas travesías, a emborracharse como cubas y a gritar y patalear como condenados. ¡Sí! entre la podredumbre, al estrépito de las fiestas tunantescas; el chico vivió, y pronto estuvo sano y en pie.

Luego llegaron sus quince años.

El tío Lucas había logrado, tras mil privaciones, comprar una canoa. Se hizo pescador.

Al venir el alba, iba con su mocetón al agua, llevando los enseres de la pesca. El uno remaba, el otro ponía en los anzuelos la carnada. Volvían a la costa con buena esperanza de vender lo hallado, entre la brisa fría y las opacidades de la neblina, cantando en baja voz alguna "triste", y enhiesto el remo triunfante que chorreaba espuma.

Si había buena venta, otra salida por la tarde.

Una de invierno había temporal. Padre e hijo, en la pequeña embarcación, sufrían en el mar la locura de la ola y del viento. Difícil era llegar a tierra. Pesca y todo se fue al agua, y se pensó en librar el pellejo. Luchaban como desesperados por ganar la playa. Cerca de ella estaban; pero una racha maldita les empujó contra una roca, y la canoa se hizo astillas. Ellos salieron sólo magullados, ¡gracias a Dios! como decía el tío Lucas al narrarlo. Después, ya son ambos lancheros.

¡Sí! lancheros; sobre las grandes embarcaciones chatas y negras; colgándose de la cadena que rechina pendiente como una sierpe de hierro del macizo pescante que semeja una horca; remando de pie y a compás; yendo con la lancha del muelle al vapor y del vapor al muelle; gritando: ¡hiiooeep! cuando se empujan los pesados bultos para engancharlos en la uña potente que los levanta balanceándolos como un péndulo. ¡Sí! lancheros; el viejo y el muchacho, el padre y el hijo; ambos a horcajadas sobre un cajón, ambos forcejeando, ambos ganando su jornal, para ellos y para sus queridas sanguijuelas del conventillo.

Íbanse todos los días al trabajo, vestidos de viejo, fajadas las cinturas con sendas bandas coloradas, y haciendo sonar a una sus zapatos groseros y pesados que se quitaban al comenzar la tarea, tirándolos en un rincón de la lancha.

Esperaba el trajín, el cargar y el descargar. El padre era cuidadoso: —¡Muchacho, que te rompes la cabeza! ¡Que te coge la mano el chicote! ¡Que te vas a perder una canilla!—. Y enseñaba, adiestraba, dirigía al hijo, con su modo, con sus bruscas palabras de obrero viejo y de padre encariñado.

Hasta que un día el tío Lucas no pudo moverse de la casa, porque el reumatismo le hinchaba las coyunturas y le taladraba los huesos.

¡Oh! Y había que comprar medicinas y alimentos; eso, sí.

—Hijo, al trabajo, a buscar plata; hoy es sábado.

Y se fue el hijo, solo, casi corriendo, sin desmayarse, a la faena diaria.

Era un bello día de luz clara, de sol de oro. En el muelle rodaban los carros sobre sus rieles, crujían las poleas, chocaban las cadenas. Era la gran confusión del trabajo que da vértigo; el son del hierro, traqueteos por doquiera, y el viento pasando por el bosque de árboles y jarcias de los navíos en grupo.

Debajo de uno de los pescantes del muelle estaba el hijo del tío Lucas con otros lancheros, descargando a toda prisa. Había que vaciar la lancha repleta de fardos. De tiempo en tiempo bajaba la larga cadena que remata en un garfio, sonando como una matraca al correr con la roldana; los mozos amarraban los bultos con una cuerda doblada en dos, los enganchaban en el garfio, y entonces éstos subían a la manera de un pez en un anzuelo, o del plomo de una sonda, ya quietos, ya agitándose de un lado a otro, como un badajo, en el vacío.

La carga estaba amontonada. La ola movía pausadamente de cuando en cuando la embarcación colmada de fardos. Éstos formaban una a modo de pirámide en el centro. Había uno muy pesado, muy pesado. Era el más grande de todos, ancho, gordo y oloroso a brea. Venía en el fondo de la lancha. Un hombre de pie sobre él, era pequeña figura para el grueso zócalo.

Era algo como todos los prosaísmos de la importación envueltos en lona y fajados con correas de hierro. Sobre sus costados, en medio de líneas y triángulos negros, había letras que miraban como ojos. — Letras en "diamante"— decía el tío Lucas. Sus cintas de hierro estaban apretadas con clavos cabezudos y ásperos; y en las entrañas tendría el monstruo, cuando menos, linones y percales.

Solo él faltaba.

—¡Se va el bruto! —dijo uno de los lancheros.

—¡El barrigón! —agregó otro.

Y el hijo de Lucas, que estaba ansioso de acabar pronto, se alistaba para ir a cobrar y desayunarse, anudándose un pañuelo de cuadros al pescuezo.

Bajó la cadena danzando en el aire. Se amarró un gran lazo al fardo, se probó si estaba bien seguro, y se gritó:

—¡Iza!— mientras la cadena tiraba de la masa chirriando y levantándola en vilo.

Los lancheros, de pie, miraban subir el enorme peso, y se preparaban para ir a tierra, cuando se vio una cosa horrible. El fardo, el grueso fardo, se zafó del lazo, como de un collar holgado saca el perro la cabeza; y cayó sobre el hijo del tío Lucas, que entre el filo de la lancha y el gran bulto quedó con los riñones rotos, el espinazo desencajado y echando sangre negra por la boca.

Aquel día no hubo pan ni medicinas en casa del tío Lucas, sino el muchacho destrozado, al que se abrazaba llorando el reumático, entre la gritería de la mujer y de los chicos, cuando llevaban el cadáver al cementerio.

Me despedí del viejo lanchero, y a pasos elásticos dejé el muelle, tomando el camino de la casa, y haciendo filosofía con toda la cachaza de un poeta, en tanto que una brisa glacial, que venía de mar afuera, pellizcaba tenazmente las narices y las orejas.

CANCIÓN DE OTOÑO EN PRIMAVERA por RUBÉN DARÍO

Juventud, divino tesoro,
¡ya te vas para no volver!
Cuando quiero llorar, no lloro...
y a veces lloro sin querer...

Plural ha sido la celeste
historia de mi corazón.
Era una dulce niña, en este
mundo de duelo y de aflicción.

Miraba como el alba pura;
sonreía como una flor.
Era su cabellera obscura
hecha de noche y de dolor.

Yo era tímido como un niño.
Ella, naturalmente, fue,
para mi amor hecho de armiño,
Herodías y Salomé...

Juventud, divino tesoro,
¡ya te vas para no volver!
Cuando quiero llorar, no lloro...
y a veces lloro sin querer...

Y más consoladora y más
halagadora y expresiva,
la otra fue más sensitiva
cual no pensé encontrar jamás.

Pues a su continua ternura
una pasión violenta unía.
En un peplo de gasa pura
una bacante se envolvía...

En sus brazos tomó mi ensueño
y lo arrulló como a un bebé...
Y te mató, triste y pequeño,
falto de luz, falto de fe...

Juventud, divino tesoro,
¡te fuiste para no volver!
Cuando quiero llorar, no lloro...
y a veces lloro sin querer...

Otra juzgó que era mi boca
el estuche de su pasión;
y que me roería, loca,
con sus dientes el corazón.

Poniendo en un amor de exceso
la mira de su voluntad,
mientras eran abrazo y beso
síntesis de la eternidad;

y de nuestra carne ligera
imaginar siempre un Edén,
sin pensar que la Primavera
y la carne acaban también...

Juventud, divino tesoro,
¡ya te vas para no volver!
Cuando quiero llorar, no lloro...
y a veces lloro sin querer.

¡Y las demás! En tantos climas,
en tantas tierras siempre son,
si no pretextos de mis rimas
fantasmas de mi corazón.

En vano busqué a la princesa
que estaba triste de esperar.
La vida es dura. Amarga y pesa.
¡Ya no hay princesa que cantar!

Mas a pesar del tiempo terco,
mi sed de amor no tiene fin;
con el cabello gris, me acerco
a los rosales del jardín...

Juventud, divino tesoro,
¡ya te vas para no volver!
Cuando quiero llorar, no lloro...
y a veces lloro sin querer...
¡Mas es mía el Alba de oro!

OBERTURA SENTIMENTAL por JUAN RAMÓN MOLINA

Voy a decir aquí lo que me inspiras
en nobles versos, de la rima pautas,
y a tocar —para ti— todas mis liras,
mis oboes, mis pífanos, mis flautas.

Escoge, con tus manos impacientes,
tus ramos de olorosos azahares,
porque —bajo las viñas florecientes—
cantarás el Cantar de los Cantares,

mientras la alondra en el azul incierto
va a beber sol, y trémulo te aguardo
(junto a la higuera del fragante huerto),
todo mirto, y laurel, y rosa, y nardo.

¡Oh, amada de la muerte y de la vida!
¡Oh, amada, emperatriz de las amadas!
Parece que estuvieras defendida
como en un muro de cincuenta espadas.

Tanto me impones siempre que gozoso
miro las regias gracias en que abundas:
tu boca —pozo de aguas vivas—, pozo
donde hundiré mis fauces sitibundas;

tus tenebrosas cejas que descorre
la luz; tu frente que reclama el casco
heroico; y tu presencia —cual la torre
del rey David— que mira hacia Damasco;

y tu mirada, que entre mil descuella,
negra como las noches y mis duelos,
mirada de los ojos de una estrella
en el solemne luto de los cielos;

y ese tu seno —ese jardín lozano,
todo florido—, ese jardín ardiente,
donde se alza el idílico manzano
que no conoce la sutil serpiente;

seno que mueve un ritmo de terneza,
seno de miel y ritmo sin medida,
donde pondré mi trágica cabeza
que azotaron los vientos de la vida.

¿Qué somos hoy y qué seremos? Asas
de un ánfora de nítido alabastro,
dos nubes como dos gemelas gasas,
unánimes fulgores de un mismo astro.

Dos existencias que han de ser un todo,
de la pasión terrena fiel trasunto;
veredas que, por diferente modo,
convergerán en un cercano punto.

Pese al dolor —que en ambos se cebaba—,
pese al fiero dolor y a sus traiciones,
y que agotó las flechas de su aljaba
hiriendo nuestros tristes corazones.

Pese al mal y a la envidia —ese temido
dragón, siempre de cólera despierto—,
que —blandiendo la espada de Sigfrido—
veré a mis plantas, quebrantado y muerto.

Yo soy aquel que tú esperabas. Yo era
cierto príncipe azul de edad dorada,
de quien —al despuntar tu primavera—
en secreto estuviste enamorada.

El imposible amor de tus ensueños;
el que espiaste, pensando en tu destino,
desde el balcón de rosas de tus sueños,
en la nube de polvo del camino.

El caballero de gentil presencia
que imaginaste ante tus pies confuso,
cuando en tu blanca y tibia adolescencia
hilaba tus suspiros en el huso.

¿Iba a venir del Indostán? ¿Acaso
de la China, de Persia o del Epiro?
¿En árabe corcel de breve paso?
¿En litera de púrpura de Tiro?

¿Te iba a ofrendar tesoros de Golconda?
¿Perlas de Ormuz de sin igual valía?
¿Un raro ajuar de encajes y de blondas,
como para una reina de Etiopía?

Te iba a decir: —"Princesa Sherezada:
vengo a ofrecerte mi país lejano,
mi alcázar, que hizo mi madrina, una hada,
mi corazón, mi juventud, mi mano".

Y tú: —"No quiero tu país; no quiero
ni tu áureo trono, ni tu gran fortuna;
si quieres que te quiera, caballero,
bríndame el sol o bájame la luna".

El príncipe gentil huyó a los montes,
y tú dijiste, pálida y sombría,
escrutando los tristes horizontes:
—"No viene aquel que me dirá: eres mía".

Pasaron un califa, diez emires
y cien guerreros de estandartes rojos,
y jamás escuchaste sus decires
ni les miraron tus altivos ojos.

Hubo una guerra por tu amor. Y, en tanto
que atronaba el azul la trompa hueca,
ajena al exterminio y al espanto
tu sueño alimentabas con la rueca.

Mas sucedió que en un opaco día,
después de años tediosos y silentes,
al pie de tu cerrada celosía
sonaron dos espuelas impacientes.

¡Cómo volaste a tu balcón! ¡Qué grito
diste de dulce compasión herida,
al ver mi rostro de dolor marchito,
mi traje con el lodo de la vida,

mi frente, que selló la desventura,
mis pupilas de agónicas miradas,
mi boca, con un pliegue de amargura,
y en mi pecho diez fieras estocadas!

Sólo la arruga de mi adusto ceño
era señal, en mi contraria suerte,
de proseguir en mi inaudito empeño
contra el mundo, los hados y la muerte.

Tu mano ungióme un bálsamo precioso,
diste a mi sed como un divino vino,
y hoy —otra vez— me siento vigoroso
como por arte mágico o divino.

Rosa de amor: ¡en mi jardín florece!
Casa de oro: ¡no estarás desierta!
Astro del alba: ¡surge y resplandece!
Turris eburnea: ¡llamaré a tu puerta!

LOS PESCADORES DE SIRENAS por RUBÉN DARÍO

Péscame una, ¡oh egipán pescador!, que tenga en sus escamas radiante la irisada riqueza metálica que decora los admirables arenques. Péscame una cuya cola bifurcada pueda hacer soñar en el pavo real marino, y cuyos costados finos y relucientes tengan aletas semejantes a orientales abanicos de pedrería.

Péscame una que tenga verdes los cabellos, como debe tenerlos Lorelay, y cuyos ojos tengan gosgorescencias raras y mágicas chispas; cuya boca salada bese y muerda cuando no cante las canciones que pudieran triunfar de la astucia de Ulises; cuyos brazos, como dos albos y divinos pitones, me aten para llevarme en el país recóndito en donde los palacios son hechos de perlas, de coral y de concha de nácar.

PESCA DE SIRENAS por JUAN RAMÓN MOLINA

Péscame una sirena, pescador sin fortuna
Que yaces pensativo del mar junto a la orilla
Propicio es el momento porque la vieja luna
Como un mágico espejo entre las olas brilla

Han de venir hasta esta rivera una tras una
Mostrando a flor de agua su seno sin mancilla
Y cantarán en coro, no lejos de la duna
Su canto que a los pobres marinos maravilla

Penetra al mar entonces y escoge la más bella
Con tu red envolviéndola, no escuches su querella
Que es como el canto aleve de la mujer. El sol,

La mirará mañana entre mis brazos loca
Morir bajo el martirio divino de mi boca
Moviendo entre mis piernas su cola tornasol.

LA CANCIÓN DE LOS PINOS por RUBÉN DARÍO

¡Oh, pinos, oh hermanos en tierra y ambiente,
yo os amo! Sois dulces, sois buenos, sois graves.
Diríase un árbol que piensa y que siente
mimado de auroras, poetas y aves.

Tocó vuestra frente la alada sandalia;
habéis sido mástil, proscenio, curul,
¡oh pinos solares, oh pinos de Italia,
bañados de gracia, de gloria, de azul!

Sombríos, sin oro del sol, taciturnos,
en medio de brumas glaciales y en
montañas de ensueños, ¡oh pinos nocturnos,
oh pinos del Norte, sois bellos también!

Con gestos de estatuas, de mimos, de actores,
tendiendo a la dulce caricia del mar,
oh pinos de Nápoles, rodeados de flores,
oh pinos divinos, no os puedo olvidar!

Cuando en mis errantes pasos peregrinos
la Isla Dorada me ha dado un rincón
do soñar mis sueños, encontré los pinos,
los pinos amados de mi corazón.

Amados por tristes, por blandos, por bellos.
Por su aroma, aroma de una inmensa flor,
por su aire de monjes, sus largos cabellos,
sus savias, ruidos y nidos de amor.

¡Oh pinos antiguos que agitara el viento
de las epopeyas, amados del sol!
¡Oh líricos pinos del Renacimiento,
y de los jardines del suelo español!

Los brazos eolios se mueven el paso
del aire violento que forma al pasar
ruidos de pluma, ruidos de raso,
ruidos de agua y espumas de mar.

¡Oh noche en que trajo tu mano. Destino,
aquella amargura que aún hoy es dolor!
La luna argentaba lo negro de un pino.
y fui consolado por un ruiseñor.

Románticos somos... ¿Quién que es no es romántico?
Aquel que no sienta ni amor ni dolor,
aquel que no sepa de beso y de cántico,
que se ahorque de un pino: será lo mejor...

Yo, no. Yo persisto. Pretéritas normas
confirman mi anhelo, mi ser, mi existir.
¡Yo soy el amante de ensueños y formas
que viene de lejos y va al porvenir!

A UN PINO POR JUAN RAMÓN MOLINA

Oh pino, oh viejo pino de mi tierra,
que del monte en la cima culminante
alzas tu copa rumorosa y verde,
meciéndote al impulso de los aires.

¿Cuántos años hará que no se atreven
los rayos de las nubes a tocarte,
como a los compañeros de tu infancia
que calcinados por el suelo yacen?

Ellos —en una noche tenebrosa,
preñada de terribles tempestades—
alumbraron, ardiendo como teas,
la montaña y las sombras insondables.

Cruzaban mil relámpagos el cielo
como rojas culebras deslumbrantes;
todos los vientos en tropel rugían
como las fieras cuando tienen hambre.

Las negras cataratas de los cielos
dieron suelta a sus líquidos raudales,
y los profundos y espumosos ríos
se desbordaron por las anchas márgenes.

Las rudas alimañas de los bosques
huyeron a la cueva a refugiarse,
y el hombre mismo se entregó al espanto
bajo el techo que cubre sus hogares.

Al descorrer la aurora en el oriente
de su balcón los rojos cortinajes,
vio que los pinos que a tu lado estaban
no eran más que pavesas humeantes.

Mientras que tú, de la mortal catástrofe
testigo fiel, erguido te quedaste,
lleno de savia y robustez y vida,
bañado por las luces matinales.

Más adherido a la infecunda roca,
con la invencible garra de tus raíces,
cual si te hubiese vuelto aquella prueba
más fuerte, más viril y más pujante.

Te han visto así los soles y los años
sin que su huella en tu corteza graben;
te conocen las lluvias y los vientos,
las nubes y los pobres caminantes.

Viajero por los montes hondureños,
erizados de escuetos peñascales,
muerto de sed y de cansancio, un día
me recosté al frescor de tu follaje.

En tanto, libre del poder del freno
y el agudo espolón del acicate,
mi hambriento potro alrededor pacía
la verde hierba que a tus plantas nace.

Una corriente cristalina y pura,
que los declives que te cercan lame,
iba de precipicio en precipicio
como buscando en las cañadas cauce.

Llevando el seco polvo de las cumbres,
los agrestes aromas de los valles,
un rumoroso y gemebundo viento
pasaba desgarrando tu ramaje.

Así —apoyada a tu robusto tronco
la sudorosa sien— me halló la tarde:
náufrago de contrarios pensamientos,
perdido en las inmensas soledades.

Pensé en la triste suerte de mi patria,
víctima eterna de la ley del sable,
en el destino que me guarda el hado,
en el hogar y en mis humildes padres.

Vertí con pena una rebelde lágrima,
condensación de todos mis pesares,
sin más testigos que el inmóvil bruto
y un solitario gavilán errante.

Después, grabando en tu áspera corteza
con un puñal mis letras iniciales,
bajé por las pendientes pedregosas
batiendo del caballo los ijares.

Los tiempos han corrido desde entonces
raudos sobre los dos; pero, ¡quién sabe
si te levantes más altivo y joven
que aquella vez que sombra me brindaste!

No como tu cantor, que en la mañana
de su existir empieza a doblegarse
al soplo de los vientos de la vida,
sin fuerzas, sin amor, sin ideales.

El cielo quiera que otra vez te mire
sobre las altas cimas de mis Andes,
que, apoyada en tu tronco, mi cabeza
de las fatigas y del sol descanse.

Y que, si acaso el leñador un día
el hacha férrea para herirte blande,
vayas a ser en la pajiza choza
lumbre que alegre su feliz semblante.

Cubran tus hojas, como alfombra verde,
los atrios y las plazas y las calles,
o, convertido en asta, en un extremo
que flote de mi patria el estandarte.

No te conviertan las civiles luchas
en antorcha que incendie las ciudades,
ilumine matanzas fratricidas,
lívidos charcos de hondureña sangre.

Mas si el hombre y los rayos te respetan,
si el huracán sañudo no te abate,
quiero, al morir, que te derriben, oh árbol,
y que la sierra te divida en partes.

Que me construyan con tus pobres tablas
el ataúd donde mis huesos guarden,
y con tus ramas una cruz humilde
donde se posen a cantar las aves.